법치국가와 인간의 존엄

법치국가와 인간의 존엄

베르너 마이호퍼 지음

심재우 · 윤재왕 옮김

세창출판사

에른스트 블로흐에게 바침

용감하게 추구한 자유로의 해방이 그 자유의 공간의 구성과 함께 본질적인 것이었다. 이 점은 실러의 작품 「고상한 것에 관하여 (Über das Erhabene)」에 아주 간결하게 표현되어 있고, 그것은 우리가 오래된 언어로 들을 수 있는 전망적 계획이다. 거기에는 다음과 같이 쓰여 있다. "의지는 인간의 본질적 속성이며, 이성 자체는 다만 그 의지의 영원한 규율이다. 따라서 인간은 폭력을 감수할 만큼 존엄하지 못한 존재가 아니다. 왜냐하면 폭력은 인간성을 파괴하기 때문이다. 우리에게 폭력을 가하는 자는 바로 우리의 인간성을 파괴하는 것이며, 비겁하게도 그 폭력을 감수하는 자는 그의 인간성을 포기하는 것이다." 인간의 행복을 추구하는 사회 유토피아적 의도와 인간의 존엄을 추구하는 자연법적 의도 사이의 차이는 지양되어야 할 때이며, 결국 기능적으로 하나로 통합되어야 할 때이다. 확실하게 말할 수 있는 것은 빈곤의 종식 없이 인간의 존엄은 존재할 수 없고, 과거와 현재의 예속의 종식 없이 인간의 존엄은 존재할 수 없으며 또한 과거와 현재의 예속의 종식 없이 인간의 행복은 존재할 수 없다는 점이다. 최상의 계몽은 바로 이 점에 놓여 있으며, 이 양 측면은 다시는 분리될 수 없도록 결합되어 있다. 이 책은 무엇이 옳은 것인가, 즉 무엇이 올바른 길인가를 역사적으로 사유하는 데 기여하고자 한다. 그것은 물음을 제기하고, 무언가를 요구하면서 추구된 계몽으로부터 시작해서 고전적 자연법에서 끝나지 않는 독특한 종류의 법학이다.

- 에른스트 블로흐, 자연법과 인간의 존엄, 서문

「마르부르크 강령」, 「권리를 위한 투쟁」에 이어 선생님이 번역하신 책을 가다듬어 재출간하는 세 번째이자 마지막 작업은 마이호퍼의 「법치국가와 인간의 존엄」이다. 앞서 나온 다른 두 책과는 달리 내가 직접 번역에 참여했던 이 책의 재출간은 내겐 일종의 과거로의 여행이었다. 1991년에 그 당시에는 신기술의 총아처럼 여겨지던 워드프로세서로 번역 초고를 완성했고, 선생님은 예의 그 달필로 세세한 곳까지 초고에 수정사항을 기입하셨다. 누군가 출판을 위한 준비 작업이 여기서 끝이라고 생각한다면 그건 선생님을 잘 모르는 사람이다. 1992년 독일유학을 떠나기 얼마 남지 않은 때였던 것으로 기억하는데, 선생님이 당시 학장이셨기에 시간이 나실 때마다 학장실에서 전체 초고를 일일이 낭독하고, 조금이라도 어감이 이상하거나 문장이 어색하면 최상의 결과를 얻을 때까지 수정을 거듭하는 과정을 거쳤다. "윤군, 거긴 콤마를 하나 찍세! 자넨 참 콤마를 싫어한단 말이야!" 책을 읽는 독자의 호흡까지 배려하시는 선생님과 자꾸 벽시계를 쳐다보는 나를 지금 이 시공간에 불러들일 수만 있다면 … 선생님의 완벽을 향한 열정과 학문

7

적 철저함은 그때나 지금이나 나의 일상적 척도이자 아직 도달하지 못한 이상이다.

마이호퍼의 텍스트를 우리말로 옮길 때 겪게 되는 좌절에 대해서는 「인간질서의 의미에 관하여」의 역자후기에 적었던 내용을 여기서 다시 반복한다. "마이호퍼 교수의 글을 우리말로 옮기는 것은 어쩌면 번역과 관련된 '한계상황'을 체험하는 도전과 같다는 느낌이다. 특이한 독일어 구사방식뿐만 아니라, 마치 동일한 주제의 반복처럼 여겨지다가도 각 부분마다 늘 새롭게 들리는 한 편의 교향곡 악보를 앞에 두고 있는 것 같다."

한자교육을 받지 않은 세대에게 다시 이 교향곡을 들을 수 있는 최소한의 발판을 마련할 수 있게 되어 기쁘다. 나 자신 로스쿨 법철학 강의계획서에 개강 전에 이 책을 읽기를 권한다고 쓰긴 했지만, 일단 법철학이 로스쿨에서 차지하는 비중 때문에 잘못 전달된 초대장이었을 뿐만 아니라, 초대장을 진지하게 받아들인 극소수의 학생들마저도 한자라는 벽을 넘지 못하고 돌아가 버렸다. 이제는 적어도 초대장을 보낼 때부터 아무도 오지 않을 거라고 미리부터 포기할 필요는 없게 되었다. 물론 로스쿨의 현재를 생각하면 미리부터 포기하는 것이 현명하겠지만, 이 나라의 법학이 로스쿨과 동격은 아니라는 내면의 저항감을 위안으로 삼고자 한다. '인간의 존엄'이 디플레이션과 인플레이션을 겪고 있는 21세기에 이 개념을 (법)철학적으로 설명한 수많은 문헌들 그 어느 것도 마이호퍼의 이 책을 따라잡지 못한다는 개인적 확신이 초대에 응하는 손님의 수를 조금이라도 늘려 주기를 희망할 뿐이다.

초고 전체를 읽고 수정사항을 지적해 준 김다희 씨, 박다정 씨,

박시우 씨, 이윤주 씨께 고마움을 전한다. 또한 한국어판 출간에 흔쾌히 동의해 주신 마이호퍼(Maihofer) 교수의 큰따님 크리스티나 헤르브스트(Cristina Herbst) 여사와 다른 유족들에게 감사드린다. 세창출판사의 임길남 상무님은 늘 그렇듯 든든한 지원을 해 주셨다. 감사할 따름이다.

다시 한 번 선생님의 존재와 선생님과의 긴 인연이 내게 가져다 준 축복을 생각한다.

2019년 봄
고려대학교 연구실에서
윤재왕

오늘날 법의 세계에서 '인간의 존엄'이란 말처럼 사람들의 입에 자주 오르내리는 말은 없을 것이다. 이 말이 법의 세계에 등장한 것은 제2차 세계 대전 후 서독 헌법 제1조에서 비롯되었다. 거기에는 다음과 같이 쓰여 있다. "인간의 존엄은 침해될 수 없다. 이를 존중하고 보호하는 것은 모든 국가권력의 의무이다." 이러한 인간 존엄조항이 헌법의 원칙규범으로 선언된 것은 나치독재정권에 의한 비인간적 만행, 예컨대 집단학살, 강제노동, 정치적 박해, 국외 추방, 고문, 인간실험, 테러 등 인류 역사상 그 유례를 찾아볼 수 없는 인간침해를 역사적으로 경험했기 때문이다. 더욱이 인간을 보호해야 할 국가에 의하여 그러한 '인간성에 반하는 범죄'가 저질러졌다는 점에서 국가의 도덕성의 문제가 국가철학적으로 심각하게 논의되었다. 그래서 이러한 국가범죄가 다시 되풀이되지 않도록 하기 위하여 인간의 존엄을 존중하고 보호하는 것은 국가권력의 의무라고 헌법에 선언하기에 이르렀던 것이다.

이 책은 법철학자인 마이호퍼(W. Maihofer) 교수가 서독 헌법 제1조에 대한 법철학적 해석을 시도한 것이다. 우리는 이 조항에 대한 헌법학적인 주석적 해석은 많이 찾아볼 수 있으나, 법철학적인 체계적 해석은 이 책 외에는 거의 찾아볼 수 없다. 그는 인간의 존엄을 칸트(I. Kant)의 자율사상에 근거하여 인간의 자기결정권, 자기지배권, 자기입법권과 같은 자율권으로 이해하며, 그러한 자율적인 도덕적 자유를 가지고 있다는 점에서 인간은 존엄한 존재라는 것이다. 이 도덕적 자유의 주체를 '인격적 존재로서의 인간'이라 한다. 이 인격적 존재로서의 인간은 항상 목적 그 자체로서 존중되어야 하며 결코 단순히 타율적인 수단으로 삼아서는 안 된다. 왜냐하면 거기에는 인간의 존엄성(인격성)이 깃들어 있기 때문이다.

이러한 인간의 존엄을 존중하고 보호하는 국가가 마이호퍼 교수에 의하여 파악된 법치국가이다. 그것은 실질적 법치국가개념에 속하며, 형식적 법치국가개념과 명백히 구별된다. 옐리네크(G. Jellinek)나 켈젠(H. Kelsen)의 법실증주의적 국가관은 법치국가를 단지 법으로써 조직되고 법으로써 다스리는 국가, 즉 형식적 법치국가를 의미하는 것이었다. 여기서 그 법의 내용이 인간가치를 존중하고 보호하느냐 그렇지 않느냐는 아무런 상관도 없다. 따라서 인권을 침해하는 악법도 법실증주의에서는 법일 수 있었고, 그 법에 구속되는 불법국가가 탄생되었던 것이다. 그러나 실질적 법치국가는 인간가치를 존중하고 보호하는 국가로서, 인간의 존엄을 침해하는 악법은 법일 수 없으며 구속력이 없다. 따라서 실질적 법치국가는 두 단계에 걸친 정당화를 필요로 한다. 즉 국가는 법에 구속되고, 법은 인간에 구속된다. 결국 마이호퍼 교수에 의하면, 인간의 존엄으로부터 법과 법치국가의 개념이 도출된다. 이러한 법치국가는 인간의 자유를 평등하게 보장함으로써 그 임무를 다할 수 있다. 그러나 법치국가의 질서구조에서, 공존조건으로서 어느 한도까지 자유를 허용하고, 어느 한도까지 자유를 제한할 것인가가 문제되는데, 여기에서 자유의 허용은 칸트의 법철학에서, 자유의 제한은 홉스(T. Hobbes)의 법철학에서 그 근거를 찾고 있다. 그러나 법치국가에서 보장되는 자유와 평등은 그 자체 자기목적이 아니라, 인간의 존엄을 위한 수단이다. 즉 그것은 인간이 인격적 존재로서 인간답게 살 수 있는 조건인 것이다. 우리는 '법치주의' 또는 '법치국가'라는 말을 많이 쓰고 있지만 그 진정한 의미가 무엇인지 이 책을 통하여 새롭게 인식하여야 할 것이다.

마이호퍼 교수의 글은 그 내용을 이해하기도 어렵지만, 그 표현 형식도 독특한 전문용어를 만들어 사용하고 있어서 번역하기에 대단히 힘이 들었다. 독자들의 이해의 편의를 위하여 되도록 알기 쉽게, 그러나 원서에 충실하게 우리말로 옮기려고 애썼으나 그것이 얼마만큼 뜻대로 되었는지 알 수 없다. 간혹 이해하기에 난삽한 표현이 있더라도 양해해 주기 바란다. 이 책의 번역은 지금 독일에서 박사과정을 밟고 있는 윤재왕 석사와 서윤호 석사의 도움이 없었더라면 불가능했을 것이다. 그들은 대학원에서 이 책으로 내 강의를 듣고 그것을 정리하여 초고를 만들어 주었었다. 또한 지금 나의 지도 아래 박사과정을 밟고 있는 조천수 석사가 교정을 성실하게 보아주었다. 이들 모든 제자들의 노고에 감사한다. 그리고 이 책은 고려대학교 법학연구소의 법률행정번역서 제3집으로 출간되는 것인데, 이 총서의 간행을 위하여 인내심을 가지고 꾸준히 애써 주신 삼영사 고덕환 사장에게 재삼 감사를 표하는 바이다.

1994년 1월 25일
고려대학교 법과대학 연구실에서

차 례

제2장

자유 법치국가의 기초로서의 인간존엄의 보장 · 62

결 론

서 론

규범으로서의 인간존엄과 사실로서의 인간존엄

    그 어떤 시대에도 인간의 존엄이나 인간의 인격성이라는 말이 오늘날만큼 많은 사람의 입에 오르내린 적은 없었다. 하지만 그 어떤 시대에도 헌법조문이나 정당의 강령에서 '인간으로서의 존엄'(menschliche Würde), '인간의 존엄'(Würde des Menschen)이라고 표현되고 원용되는 것이 도대체 무엇을 의미하는지가 오늘날만큼 근원적인 의문의 대상이 된 적도 없을 것이다.

    에른스트 블로흐(Ernst Bloch)와 같은 철학자는 인간의 존엄은 우리가 시민의 계몽과 자유주의 자연법에 힘입어 나아가게 된 정의의 길을 향해 인간들이 떨쳐 일어났음을 적절히 표현해 주는 말이라고 한다. 즉 '관헌국가(Obrigkeitsstaat)로부터의 인간해방'의 표현이자 동시에 '인간이 되기 위한 해방'(Emazipation zum Menschen)의 표현이라는 것이다.[1] 이에 반해 가브리엘 마르셀(Gabriel Marcel)은

---

1   Ernst Bloch, *Naturrecht und menschliche Würde*, 1961, 특히 S. 237.

인간의 존엄을 단순히 '타락'의 상징에 불과하다고 생각한다. 즉 인간의 존엄은 복종에 익숙한 현대인들의 정신적 자세를 상징할 뿐이며, "이 말이 지나치게 많이 사용되는 것은 비록 무의식적이긴 하지만 상상 속에서나마 그러한 자세를 무마시키고자" 하기 때문이라고 한다.[2] 법학자인 한스 뤼펠(Hans Ryffel)도 날카로운 통찰력을 가지고 다음과 같이 말하고 있다.

"기존의 질서가 무너져 갈수록 스스로를 해방시키려는 인간, 그것도 이른바 민중이라는 수많은 인간들이 더욱 전면에 나타나게 된다. 그렇게 되면 모두 다 자신의 '인간의 존엄'을 주장하게 되며, 이제 이 '인간의 존엄'은 현실적으로 고려될 수밖에 없게 된다. … 오늘날 많은 사람들은 (약간은 귀에 거슬리게 들릴지도 모를 표현을 사용한다면) 민중이 인간적, 정신적, 문화적 주체로 떠오르게 된 현상을 못마땅하게 여길 수도 있을 것이다. 그러나 그와 같은 반응은 기존의 질서를 반드시 지켜야 한다는 강박관념을 가진 사람들에게서 흔히 찾아볼 수 있는 일이다."[3]

이처럼 인간존엄의 사상이 오늘날 그렇게도 널리 그리고 매우 강력하게 원용되고 있다는 사실이 도대체 어떠한 근본적 의미를 갖고 있는지를 해석하는 것에서부터 이미 견해가 대립할 뿐만 아니라, 심지어 완전히 상반된 평가가 존재하고 있음을 확인하게 된

2 Gabriel Marcel, *Menschenwürde und ihr existenzieller Grund*, 1965, 특히 S. 190.
3 Hans Ryffel, "Aspekte der Emanzipation des Menschen", in: *Archiv für Rechts- und Sozialphilosophie*, Bd. 52(1966), S. 10.

다. 즉 에른스트 블로흐와 같은 사회주의 사상가가 **인간의 존엄을** 단호하게 하나의 **규범**으로 **신봉**하고 모든 사회질서와 국가조직은 인간의 존엄을 척도로 타당성을 판단해야 한다고 말하는 반면, 기독교 사상가인 가브리엘 마르셀은 인간의 존엄을 하나의 사상으로서는 인정하지만, 현대의 사회현실 속에서 인간의 존엄을 주장하는 것에 대해 소극적인 태도를 취하고 있다.

앞에서 확인한 바와 같이 현대세계에서 **인간의 존엄을 존중·보호하라는 요청을 한편에서는 열정적으로, 다른 한편에서는 회의적으로 원용하는 이러한 통일되지 못한 태도는 불안감을 갖게 만든다.** 하지만 인간존엄 사상을 명백히 하나의 **철학적 요청**이자 **법적 규범**으로까지 여기는데도 정작 이 사상 자체의 내용을 확실하게 밝히지 못하고 있다는 사실도 그에 못지않게 불안감을 갖게 만든다.

이 점은 1949년 5월 23일에 제정된 독일 연방공화국 기본법 제1조 제1항에 규정된 **인간의 존엄에 대한 헌법적 보장**의 경우에도 마찬가지이다. 기본법 제1조 제1항은 매우 단호하게 다음과 같이 규정하고 있다.

> "(1) 인간의 존엄은 침해될 수 없다. 이를 존중하고 보호하는 것은 모든 국가권력의 의무이다."

기본법의 기초자들이 모든 헌법조문의 최상위에 올려놓은 이 인간존엄의 보장을 헌법 규범구조의 기초이자 최소한 그 이하에 규정된 인권과 기본권의 토대로 이해했다는 사실은 분명하다. 이 점은 기본법 제1조 제2항과 제3항에서도 계속되고 있다.

"(2) **따라서** 독일국민은 불가침 · 불가양의 인권을 세계의 모든 인권 공동체, 평화 그리고 정의의 기초로 인정한다.

(3) **이하에 규정된** 기본권들은 직접적인 효력을 갖는 법으로서 입법 · 행정 · 사법을 구속한다."

그러므로 인간존엄의 보장은 오늘날 독일 법체계에서 **헌법의 원칙규범**이자 **법질서 전체의 근본규범**이라는 위상을 갖고 있다. 인간존엄의 보장은 '기본적인 헌법원칙'으로서 '모든 개별 기본권규정 및 그 해석의 척도'[4]이며 또한 '전체 법질서의 원칙규범'으로서 이로부터 다음과 같은 점이 도출된다. 즉 "새로운 질서하에서 이루어지는 모든 삶은 …… 인간의 존엄이라는 전제에 부합해야 하며, 모든 법규범의 공포와 해석은 이 최고원칙에 합치해야 한다."[5]

인간의 존엄에 대한 이러한 확고한 신념을 통해 우리 사회의 '새로운 질서'는 원칙적으로 과거와는 완전히 다른 토대 위에 서게 되었으며, 완전히 다른 중심과 관련을 맺게 되었다. 즉 지나간 권위주의체제에서는 **국가, 국가의 존엄** 그리고 **국가의 권력**이 다른 모든 것에 우선했던 반면, 새로운 **민주주의체제**에서는 **인간, 인간의 존엄** 그리고 **인간의 권리**가 그 무엇보다 더 우선한다. 독일 연방공화국의 기본법에 의해 수행된 민주주의로의 전환은 기본법 제1조에 관한 헤렌키엠제 초안(Herrenchiemseer Entwurf)에 너무나도 분명하게 표

---

4 Wernicke, *Kommentar zum Bonner Grundgesetz(BK)*, Erstbearbeitung 1950ff., II 2 e zu Art. 1.

5 Mangoldt/Klein, *Das Bonner Grundgesetz*, Bd. 1, 2. Aufl., 1957, III 1 b zu Art. 1.

현되어 있다.

> "(1) 인간이 국가를 위해 존재하는 것이 아니라, 국가가 인간을 위해 존재한다.
> (2) 인간의 인격성의 존엄은 침해될 수 없다. 국가권력은 그 모든 발현형식에서 인간의 존엄을 존중하고 보호할 의무를 진다."[6]

그러므로 **오늘날의 국가조직과 법질서의 원칙규범으로서 인간의 존엄을 헌법적으로 보장**하는 것은 단순히 독일의 체제가 그 강조점을 옮겼다는 사실의 표현이 아니라, 새로운 체제의 토대가 완전히 바뀌었음을 의미한다. 즉 인간존엄의 보장은 당연히 "새로운 국가질서의 정신과 1945년 5월에 붕괴된 과거의 통치체제의 정신이 완전히 상반되는 것임을 보여 주는 뚜렷한 증거로" 파악된다.[7]

하지만 인간의 존엄에 대한 확고한 신념을 통해 국가는 인간의 존엄을 최고의 목적으로 존중·보호해야 할 의무를 진다는 이 단호한 태도에도 불구하고, 인간의 존엄이 도대체 무엇을 의미하는지는 매우 불확실하다. 더욱이 인간의 존엄을 규범을 통해 표출된 신념의 문제라고 생각하는 차원을 뛰어넘어 인간의 존엄이 이미 전제되어 있는 사실에 대한 인식의 문제라고 생각하게 되면 그러한 불확실성은 더욱 증폭된다. 독일 기본법에서도 인간존엄에 대한 이러한 신념은 기본법제정 당시 국회의원이던 호이스(Heuß) ― 그는 훗

---

6 Verfassungsausschuß der Ministerpräsidentenkonferenz des westlichen Besatzungszonen, 1948(Hrsg.), *Bericht über den Verfassungskonvent auf Herrenchiemsee vom 10. bis 23. August 1948*, 1948, S. 61.

7 Mangoldt-Klein, ebd., II zu Art. 1.

날 연방대통령이 되었다 ― 가 기본법 제정회의의 심의에서 언급했던 것처럼 '해석되지 않은 테제'[8]로 남아 있다. 즉 기본법에서 인간의 존엄은 아무런 의문이 없는 자명한 것으로 전제되어 있고, 따라서 그것이 어디에 근거를 두고 있으며 구체적인 경우에 그것이 무엇을 의미하는지는 여전히 밝혀져 있지 않다.

아래에서 펼쳐질 연구는 바로 이 '해석되지 않은 테제'에 대한 해석을 시도하기 위한 것이라고 할 수 있다. 오늘날 인간존엄의 개념에 대한 해석을 시도할 경우에는 독일 헌법이 이를 받아들인 배경과 동기가 되었던 정신적 지평과 역사적 상황을 함께 고려해야 한다는 점에 대해서는 견해가 일치한다. 그러므로 "존엄개념의 정신사적 배경뿐만 아니라, 우리가 인간존엄의 선언을 통해 나치정권의 너무나도 구체적인 비인간성에 대응하고자 했던 역사적 상황도 함께 고려해야 한다."[9]

그러나 정신사적 배경과 역사적 상황을 고려하여 독일 기본법의 헌법적 보장처럼 규범으로 표현된 인간존엄의 개념을 자세히 파악하기에 앞서, 우선 우리가 인간의 존엄이라고 말할 때 문제가 되었고, 문제가 되고 있는 사실에 눈을 돌려야 한다. 그럴 때만 이 개념의 배후에 자리 잡고 있는 '사실'로부터 하나의 '개념'을 얻어 낼 수 있기 때문이다.

인간의 존엄이 실제로 존재한다는 사실과 그것이 무엇을 의미하는지는 인간의 존엄이 극단적으로 말살되는 한계상황에서 가장 강

8　이에 관해서는 "Die Entstehungsgeschichte der Artikel des Grundgesetzes", in: *Jahrbuch des öffentlichen Rechts der Gegenwart*, Neue Folge, Bd. 1(1951), S. 49 참고.

9　이에 관해서는 Zippelius, *BK*, Zweitbearbeitung 1964ff., Art. 1, Rn. 7 참고.

렬하게 체험할 수 있다. 한계상황은 우리가 아무런 의문도 품지 않고 있을 때는 의식의 어둠에 파묻혀 있던 것들을 의식의 바깥으로 드러나게 한다. 즉 **인간의 존엄에 대한 침해**에 의해 헌법규범에는 불가침의 사실로 규정되어 있는 것이 파괴될 때 비로소 인간의 존엄이 어디에 근거를 두고 있는지를 분명하게 의식하게 된다. 따라서 우리가 비참할 정도로 한계상황을 겪어 본 이후에야 비로소 우리는 이 문제를 제대로 인식 할 수 있으며, 이러한 인식이 없다면 인간의 존엄에 관한 모든 개념은 공허한 말장난에 불과할 것이다.

일상 언어에서 '**인간답지 못한**'이라는 말은 한 사람의 인간으로서의 존엄이 타인에 의해 '침해'되었다는 문자 그대로의 의미보다 훨씬 더 넓은 맥락에서 사용된다. 즉 어떤 사람이 우리가 느끼기에 '그 사람의 품위에 맞지 않은' 행동을 한 경우, 우리는 그 사람이 인간답지 못한 처신을 했다고 말한다. 심지어 예컨대 의사나 법관 또는 아버지나 형제와 같은 **특정한 어느 누구**로서뿐만 아니라 **인간 일반**으로서 한 사람이 마땅히 해야 할 행동과 마땅히 하지 말아야 할 행동의 기준을 그르쳤을 때도, 우리는 그 사람이 인간답지 못한 행동을 했다고 말한다.

또한 우리는 **인간답지 못한 행동**뿐만 아니라 **인간답지 못한 상황**에 대해서도 이야기한다. 즉 어떤 상황이 한 사람으로 하여금 의사나 선생 또는 아버지나 남편과 같은 그의 직분을 불가능하게 만들 뿐만 아니라, 도대체 **인간**으로서의 삶을 불가능하게 만든 경우, 우리는 그 사람이 인간답지 못한 상황에 처해 있다고 말한다. 이처럼 인간이 자기 스스로의 **행위**에 의해 자기 자신을 인간 이하로 전락시키거나, 또는 어떤 **상황**에 의해 인간 이하의 상태에 처해 있을 때, 우리는 **인간답지 못한 행동** 또는 **인간답지 못한 상황**이라고 말한다. 어느 경우이든 인간답지 못한 행동이나 상황이라고 말하지, 결코 **인간의 존엄에 대한 '침해'**라고 말하지 않는다. 이와는 달리 나는 한 사람이 자신의 행동에 의해 자기 자신의 인간으로서의 존엄이 아니라, 타인의 인간으로서의 존엄을 위태롭게 하거나 파괴할 때만 문자 그대로 인간의 존엄에 대한 침해라고 말하고자 한다.

"인간의 존엄은 침해될 수 없다"라는 기본법 제1조 제1항의 규정에서도 이미 묵시적으로 전제하고 있는 이러한 **근본상황은 한 개인의 행동이나 상황 그 자체를 고려한 것이 아니라, 한 인간의 타인에 대한 행동 또는 타인과의 관계**를 고려한 것이다. 즉 "사실로서의 인간행동이 서로 …… 영향을 미칠 수 있는", 인간들이 함께 살아가는 공존의 근본상황을 고려한 것이다.[10] 오로지 인간만이 타인과의 관계에서 자신의 행동을 통해 불가침의 것, 즉 타인의 인간으로서의 존엄을 구체적으로 '침해'할 수 있다. 물론 **인간의 존엄에 대한 침해**는 한 **개인**에 의해 다른 개인에 대해 발생할 수도 있고, **사회**나 **국가**에 의해 그 구성원이나 시민에 대해 발생할 수도 있다. 그러나 그 어느 경우이든, 사적인 관계나 공적인 관계 그리고 인간과 인간 사이의 만남에서 직접적이든 간접적이든 타인과의 개인적 행동이나 직책상의 행동을 통해 타인의 인간존엄을 '침해'하는 자는 다름 아닌 바로 인간이다. 그렇기 때문에 우리는 어떠한 **근본상황**에서 인간존엄의 침해가 실제로 발생한 사실이라고 말할 수 있는지를 이미 알고 있다. 하지만 도대체 인간존엄의 침해가 어디에 근거를 두고 있

---

10 이러한 공존의 근본상황은 "한 사람과 다른 사람 사이의 외적, 실천적 관계"에 대한 칸트의 법개념에 이미 나타나 있다. 이에 관해서는 Kant, *Metaphysik der Sitten*, Ausgabe Vorländer(Meiner Verlag), 4. Aufl., 1922, S. 34 참고.

으며, 그것이 진정 무슨 의미인지는 아직도 모른다. 이러한 근거는 우리가 인간 사이의 근본상황이 **한계상황**이라고 부르는 상황에 빠지게 될 때 가장 잘 알 수 있다. 우리는 나치정권하의 너무나도 구체적인 비인간성에 대항하여 헌법의 기초자들이 인간의 존엄을 선언하면서 하나의 역사적 사실로 염두에 두었던 상황, 즉 **고문상황**을 예로 들어 이 한계상황을 더욱 분명하게 밝히고자 한다.

이 고문상황을 단지 관념적으로 머리에 그려 보는 것이 아니라, 구체적으로 체험하게 되는 한 사람이 겪게 되는 것은 도대체 무엇일까? 권위적인 체제에 의해 구타당하고 고문당하는 죄수가 '체험'하게 되는 것은 무엇일까? 이 물음에 대해 우리는 본인 자신이 권위적인 체제에 의해 구타당하고 고문당한 한 사람의 입을 통해 직접 그 대답을 들어 보도록 하자.[11]

"엄밀한 의미의 고문과는 비교도 안 되는 단지 몇 대의 구타만으로도 그것을 당하는 사람에게는 지울 수 없는 깊은 상처를 남긴다. 물론 지금에 와서 단지 '엄청난 고통'이라는 거창한 말로 그 상황을 제대로 표현하거나 분명하게 전달할 수는 없다. 어쨌든 갇혀 있는 자는 단 한 대의 구타만으로도 이미 그가 **어떠한 도움도 받을 수 없는** 상황에 처했음을 의식하게 된다. 따라서 그 첫 번째의 구타는 그 이후에 벌어질 모든 일들의 징조인 셈이다. 즉 비록 의식하기는 하지만 구체적인 현실로까지 느껴지지 않았던 고문이나 죽음이 그 첫 번째의 구타로 인해 앞으로 곧 닥쳐올 현실적인 가능성으로 미리 감지되는 것이다. 고문하는 사람들은 주먹으로 나의 얼굴을 후려칠 수도

---

11 Jean Améry, *Jenseits von Schuld und Sühne. Bewältigungsversuch eines Überwältigten*, 1966, S. 50 이하.

있다. 하지만 피해자는 엄청난 공포에 휩싸여 그들이 나를 그들 멋대로 해치울 것이라는 소름끼치는 확실성을 느끼며 끝을 맺는다. 바깥에서는 도대체 이곳에서 무슨 일이 벌어지고 있는지 아무도 모르며, 나의 편이 되어 줄 사람은 어디에도 없다. 나를 도와주려고 애태우는 사람들, 즉 부인이나 어머니, 형제나 친구 그 어느 누구도 이곳에 들어올 수 없다."

그러나 우리의 육신을 망가뜨리고 우리의 명예를 더럽히는 것은 단순히 타인의 구타가 아니라 구타를 당하는 우리가 체험하게 되는, 훨씬 더 깊숙한 곳에 자리 잡고 있는 그 무엇이다. 그것은 우리가 **타인의 자의에 완전히 내맡겨져 있다는 사실**이다. 즉 타인이 우리를 '제멋대로 처분할 수 있는' 반면, 우리는 어떠한 도움도 받을 수 없고, 아무런 저항도 행할 수 없는 상황에 처해 있다는 사실이다. 타인의 위력적인 힘 앞에 아무런 희망도 없이 **무력하게 굴복해야 하**는 것이다. 그렇다면 도대체 이러한 상황이 우리의 인간존엄에 대한 침해와 어떠한 관련이 있는 것일까?

"구타를 당해보지 않은 어떤 사람이 '갇혀 있는 자는 첫 번째 구타로 인해 그의 **인간으로서의 존엄**을 상실한다'라고 상당히 윤리적으로 격앙된 주장을 할지라도 그것만으로는 실감을 할 수가 없다. 나는 경찰에 의해 구타를 당한 사람이 그의 인간존엄을 상실하는지에 대해서는 잘 모른다. 그러나 그러한 상황에 처한 사람이 자신에게 가해진 첫 번째 구타로 인해 우리가 일단은 **세계신뢰**(Weltvertrauen)라고 부르고자 하는 그 어떤 것을 상실하게 된다는 사실만은 확신할 수 있었다. 이 **세계신뢰**는 성문 또는 불문의 사회계약에 따라 타인은 나를 존중할 것이라는 신뢰, 더 자세히 말하면, 타인이 나의 육체적·정신적 생존을 존중해 주리라는 신뢰를 뜻한다. 그러나 첫 번째 구타로 인해 이 세계신뢰는 철저히 파괴되고 만다. 그 경우 이 세계 내에 나와 육체적으로 서로 맞서 있고, 또한 나의 피부를 경계로 하여 나를 침범하지 않는 한에서만 서로 공존할 수 있는 타인이 나를 구타하면서 나로 하여금 자신의 육체성을 강요하는 것이 된다. 즉 타인이 바로 나를 대신하며 그럼으로써 나를 말살한다. 물론 나에게 성공적으로 방어할 수 있는 최소한의 가망성이라도 존재하는 한, 내가 타인에 의한 경계 침범을 바로잡을 수 있는 메커니즘은 여전히 작동한다. 정당방위의 경우처럼 내가 나의 영역을 확장하고 나의 육체성을 객관화함으로써 다시 나의 생존에 대한 신뢰를 회복하게 된다. 이때 사회계약은 '눈에는 눈, 이에는 이'라는 또 다른 법칙을 내용으로 한다. 따라서 우리는 이와 같은 다른 내용의 사회계약에 따라 우리의 삶을 영위할 수도 있다. 그러나 타인이 나의 이를 부러뜨리고, 나의 눈을 짓뭉개 버리고, 그리하여 본래는 공존자였던 타인이 적대적인 인간으로 변하여 우리가 아무런 저항도 하지 못하고 그저 감내할 수밖에 없게 된다면, 우리는 그 법칙을 끌어들일 수 없다. 타인에 의한 육체적 억압은 우리가 어떠한 도움도 기대할 수 없는 한, 결국은 실존을 말살하는 과정이 되고 만다."

인간존엄의 침해에 관한 이러한 현저한 상황에서 우리를 둘러싸고 우리에게 실제로 닥쳤던 것이 무엇인가와 관련하여 결코 관념적으로 얻을 수 없는 생생한 체험은 우리에게 최초의 암시를 던져 준다. 즉 이러한 체험은 타인의 억압적인 행동에 의해 **자아말살**과 **세계상실**을 겪게 되는 그 불가침의 것이 도대체 어디에 근거한 것인지를 암시해 준다. 우리의 육체에 고통을 가하고 우리를 욕되게 하는 것은 구타 자체가 아니다. 오히려 구타를 통해 우리의 믿음이 파괴된다는 사실이 우리를 고통스럽게 하는 것이다. 우리 스스로가 이 세계에 발을 들여놓을 때 아무런 의문도 품지 않고 자명한 것으로 받아들였던 신뢰가 뿌리박고 있는 믿음의 파괴가 우리의 육체에 고통을 가하고 우리를 욕되게 한다. 그렇기 때문에 아무런 힘도 없는 자에 대한 억압은 일상적인 상해나 모욕과는 전혀 다른 모습으로 우리에게 다가온다. 왜냐하면 그러한 억압은 단순히 '자아'라고 하는 원칙적으로 뛰어넘을 수 없는 한계를 강력한 힘을 가진 타인이 침범했다는 것으로 체험될 뿐만 아니라(이는 모든 형태의 구타에 의해 언제나 체험된다), 우리의 실존이 품고 있는 '자기신뢰(Selbstvertrauen)'와 '세계신뢰(Weltvertrauen)'에 대한 이중의 말살로도 체험되기 때문이다. 이 두 가지 신뢰는 일상의 퇴색된 의미가 아니라, 문자 그대로의 의미로 받아들여야 한다. 따라서 내가 나 자신을 타인의 단순한 객체에 불과한 존재로 체험한다면, 그것은 분명 주체로서의 자아에 대한 의식이 상실되었음을 뜻한다. 그렇다면 한 사람이 자신을 **타인의 단순한 객체**, 즉 **타인** — 그것이 개별적인 타인이든 사회라는 타인 전체이든 — **의 목적을 위한 일방적 수단**에 불과한 존재로 체험한다면, 이는 그 사람에게는 무엇을 의미하는 것일까?

우리가 주장하고자 하는 바는 바로 이것이다. 즉 내가 **타인의 억압**에 직면하여 어떠한 저항도 할 수 없다는 경험은 나 자신의 근본적인 인격성에 대한 신뢰의 기초를 말살한다. 또한 **타인으로부터 버려져 있는 상황**에서 내가 어떠한 도움도 받을 수 없다는 경험은 지금 자행되고 있는 경계의 침범을 용납하지 않을 것이고 또한 경계침범에 대항하여 나를 도와줄 것이라고 내가 기대하는 타인들과의 근원적인 연대성에 대한 신뢰를 파괴한다. 따라서 타인의 억압에 의해 '침해'되는 것은 바로 **근본적인 인격성과 연대성을 의식하는 가**운데 나의 실존과 공존의 토대가 되는 **나 자신에 대한 신뢰와 타인에 대한 신뢰**이다.

상해, 감금, 모욕 또는 재물손괴에 의해 나 자신과 타인에 대한 신뢰 ― 이는 자기신뢰와 세계신뢰라고 표현할 수 있다 ― 에 기초하고 있는 인격성과 연대성의 토대가 뒤흔들린다면, 우리는 **인간의 존엄에 대한 침해**라고 말할 수 있다.

하지만 신체, 자유, 명예, 재산 등에 대한 침해가 모두 다 그 자체 타인에 의한 인간존엄의 침해라고 말할 수는 없다. 만일 그렇지 않다면 사기나 절도도 모두 타인의 인간으로서의 존엄에 대한 위반이라고 해야 할 것이다. 이와 같은 행동에 의해 개인의 인간으로서의 존엄이 침해되는 것은 오로지 강자가 약자를 예속하고 착취하며, 힘 있는 자가 힘없는 자를 억압하고 굴복시키는 경우로만 한정된다. 그렇기 때문에 우리는 단순히 타인의 법익을 위태롭게 하거나 침해하는 것만으로는 '인간의 존엄에 반한다'고 느끼지 않는다. 오로지 육체적, 사회적, 경제적 또는 정치적 강자가 약자를 자신의 자의에 복종하도록 취급할 때만 '인간의 존엄에 반한다'고 느낀다. 즉 타인이 우리를 구타하거나 모욕한다고 해서 곧바로 '인간의 존엄에 반하는' 취급이라고 생각하지는 않는다. 단지 우리가 그러한 구타를 방어할 아무런 가능성도 갖고 있지 않고, 또한 그러한 모욕을 감수하는 것 말고는 다른 선택을 할 수 없는 경우에 비로소 '인간의 존엄에 반한다'고 생각하게 된다. 타인의 행동에 의해 우리의 존엄이 '침해'되는 것은, 타인이 우리를 자기가 하고 싶은 대로 '처분'하고 제멋대로 우리를 '처리'하는 순간부터 시작된다. 그러므로 우리는 조금만 생각해 보아도 사실로서의 인간존엄이 우리의 삶을 떠받치고 있는 확실성과 관련이 있다는 것을 알 수 있다. 이 삶의 확실성은 **원칙적으로 나 자신을 타인의 처분에 맡길 수 없다**는 의문의 여지없는 앎을 통해 나의 **인격성**의 실존적 근거를 형성하며, 동시에 **원칙적으로 타인은 나를 도와줄 것**이라는 자명한 믿음을 통해 나의 **연대성**의 실존적 근거를 형성한다. 그러나 **나 자신은 원칙적으로 나에게 속하며 또한 타인은 원칙적으로 나를 도와줄 것**이라는 신뢰는 내가 타인에게 완전히 내맡겨진 존재, 굴복당한 존재, 완전히 강요된 존재 그리고 버려진 존재에 불과한 한계상황을 경험하면서 철저하게 부정당하고 만다. 그렇다면 이때 도대체 무엇이 부정당하는 것일까?

제1장

인간존엄에 대한 침해와 인간존엄의 불가침성

"**인간존엄의 불가침성**을 보장하고 있는 헌법 **규범**을 통해 실질적으로 무엇을 구체적으로 요청하고 있는가?"라는 물음을 제기할 수 있기 위해서는 먼저 "**인간존엄의 침해**를 통해 '당하고', '건드려지고', '손상받는' 것이 하나의 **사실**로서 도대체 무엇을 의미하는가?"라는 물음에 대해 더 자세히 대답해야 한다.

Ⅰ. 사실: 인간존엄에 대한 침해

우리는 서론의 끝부분에서 **인간존엄의 헌법적 보장**을 통해 매우 자명한 하나의 **사실**로 전제되어 있고, 또한 그러한 보장의 **규범적 기초**를 이루고 있는 것을 인격성과 연대성이라는 개념을 통해 설명하고자 했다. 그리하여 인간의 존엄이 침해될 때는 언제나 **인간의 인격성의 말살**과 인간 사이의 **연대성의 파괴**가 문제된다고 주장했다. 그렇다면 우리는 이 점을 어떻게 이해해야 하는가?

1. 인간의 인격성의 말살로서의 인간존엄의 침해

우리는 인간의 인격성을 "**인간존재는 원칙적으로 타인의 처분 대상이 될 수 없으며, 따라서 인간존재는 원칙적으로 자기 자신에 의해서만 처분될 수 있다**"는 인간의 근본적 속성으로 이해한다. 그러므로 한 인간이 **어떠한 저항도 하지 못하고** 다른 인간에 의해 **억압**당하는 **한계상황**에 처하게 되면, 그는 자신의 인간으로서의 존재를 떠받치고 있는 신뢰, 즉 오로지 그 자신만이 자기 자신에 대한 인격적 권위와 주체성을 갖는다는 신뢰가 파괴되는 경험을 한다. 그러한 세계 상황에 의해 '동요되는' 것은 내가 살아가면서 항상 가지고 있는 믿음, 즉 어느 누구도 나를 제멋대로 처분할 수 없다는 믿음이다. 다시 말해 나를 처분할 수 있는 자는 원칙적으로 **인간으로서의 나** 자신뿐이며, 따라서 **타인**은 원칙적으로 그의 자의(恣意)에 따라 나를 처분할 수 없다는 믿음이다. 물론 타인이 나의 인간으로서의 존엄을 침해하지 않은 채, 나로 하여금 어떤 행위를 하도록 결정하거나 무엇인가를 감수하고 용인하도록 동기를 부여하는 것조차 할 수 없다는 뜻은 아니다. 중요한 것은 타인이 그의 자의에 따라 나를 취급할 수는 없으며, 오로지 **상호적이고 쌍방적으로 우리를 구속시키고 결합시키는 행위규칙** ― 그것이 관습이나 관행이든 또는 윤리나 법이든 ― 에 따라서만 나를 취급할 수 있다는 사실이다.

타인과 나 자신을 포괄하는 **원칙적 상호주관성**이 파괴되었을 때, 타인은 나를 단순한 객체로 취급하는 것이 된다. 따라서 단순히 객체에 불과한 나는 상호적이고 쌍방적으로 우리를 결합시키는 **기**

대, 즉 불문의 윤리나 성문의 법률에 의해 보장되는 **기대**에 걸맞은 행위를 하도록 타인에게 요청할 수 있는 권리를 전혀 갖지 못하게 된다. 우리의 상호적이고 쌍방적인 이익을 매개하는 행위에 대한 어떠한 권리나 요청도 주장할 수 없게 되는 것이다. 그럼에도 불구하고 내가 이러한 한계상황에서 원칙적으로 어떠한 저항도 할 수 없다면, 그것은 문자 그대로 '자기신뢰의 상실'이라고 할 수 있다.

그러나 원칙적으로 처분할 수 없는 나의 실존영역에 대한 타인의 침해를 저항을 통해 상쇄시킬 수 있다면 상실된 자기신뢰는 원칙적으로 회복될 수 있다. 따라서 나의 인격성에 대한 자기신뢰는 나의 인격, 즉 나의 생명, 신체, 재산을 '처분'할 수 있는 자는 원칙적으로 나 자신뿐이며, 나 이외의 어느 누구도 아니라는 사실을 나 자신과 타인에 대해 분명히 천명함으로써 회복될 수 있다. 실존론적으로 볼 때 모든 직접적 저항(정당방위)의 기초는 바로 이것이다. 즉 타인이 나의 '생명을 침해'하거나 나의 소유권을 박탈했을 때, 직접적 저항은 단순히 객관적 실존조건의 회복에 그치는 것이 아니라, 원칙적으로 나 이외의 어느 누구도 나 자신을 결정하거나 처분할 수 없다는 신뢰에 뿌리박고 있는 나의 실존의 주관적 구조의 회복이기도 하다. 이 점은 곧 나는 하나의 **주체**로서, 이 주체성 때문에 단순한 객체와는 달리 항상 '목적 그 자체'이며, 따라서 **형식상** 나 자신과는 무관한 어떤 목적을 위해 '단순한 수단'으로 전락할 수 없다는 사실을 의미한다.[12] 더 나아가 나는 하나의 **인격**으로서, 이 인격성 때문에 **내용상** 무엇을 의욕하고 무엇을 의욕하지 않을 것인

---

12 이것이 바로 주체의 주체성에 관한 칸트의 영구불멸의 통찰이다. 이에 관해서는 Kant, *Grundlegung zur Metaphysik der Sitten*, Ausgabe Vorländer(Meiner Verlag), 3. Aufl., 1947, S. 52 이하 참고.

지, 무엇이 되고자 하며 무엇이 되지 않고자 하는지에 관해 원칙적으로 나 자신만이 결정하며, 나 자신은 한 인격으로서의 나 자신만이 처분할 수 있다는 사실을 의미한다.

우리가 어떠한 저항도 할 수 없고 또한 아무런 희망도 없이 타인에 의해 억압당하는 한계상황에서 겪게 되는 것은 바로 나는 오로지 나 자신에게 속한다는 원칙 및 이 원칙에 근거하고 또한 이를 통해 정당화되는 자기처분성에 대한 신뢰의 파괴이다.

따라서 나 자신에 대한 신뢰의 기초가 파괴될 때는 인격성, 즉 원칙적으로 나 자신만이 처분할 수 있으며 타인은 결코 처분할 수 없는 하나의 **인격으로서의 나의 실존의 기초가 말살**된다. 이때 내가 겪게 되는 것은 타인이 그의 자의에 따라 그가 하고 싶은 대로 나를 취급할 수 있고, 결국 타인은 내가 무엇을 해야 되고 무엇을 감수해야 하는지에 관해 나를 '처분'할 수 있으며, 동시에 나 자신은 나를 '처분'할 수 없게 된다는 사실이다. 왜냐하면 아무런 힘도 없는 나를 구타하거나 심지어 죽여 버릴 수도 있는 타인에 의해 내게 어떤 불행이 닥칠 것인지 그렇지 않을 것인지는 오로지 타인의 호의나 악의에 좌우되기 때문이다.

그러나 어떠한 저항도 할 수 없는 극단적인 한계상황뿐만 아니라, 아무런 도움도 받지 못하고 타인에 의해 버려진 채 절망에 빠져 있는 또 하나의 한계상황을 우리는 경험하게 된다.

2. 인간 사이의 연대성의 파괴로서의 인간존엄의 침해

타인에 의한 저항할 수 없는 억압의 한계상황에서도 비록 나 자신은 더 이상 나를 '도울 수' 없지만, 그럼에도 내가 살아가면서 가지고 있는 마지막 믿음, 나의 삶을 떠받치고 있는 마지막 희망이 남아 있다. 즉 타인의 억압에 대해 스스로를 방어하지 못하고 완전한 무기력상태에 빠져 있는 **나를 보호하기 위해, 나의 이웃과 같은 다른 타인**이 이러한 침해에 대해 직접적인 방어(긴급구조)를 해 주리라는 희망을 갖는다. 또한 **타인 전체**, 즉 사회가 나의 실존영역에 대한 침해를 그저 **수수방관하고만 있지 않으리라는 희망**을 갖는다.

나에 대한 타인의 침해행위는 모든 공존상황과 심지어 한계상황에서도 인간 사이에 '작용하고 있는' 이익을 상호적, 쌍방적으로 매개하려는 의도에서 비롯된 것이 아니기 때문에, 이 행위는 단순히 **나의 이익**만을 침해하는 것이 아니다. 인간 사이에서 발생하는 이러한 행위는 또한 인간들을 상호적이고 쌍방적으로 **결합하는 의욕**에 대한 **보편적 기대**마저도 파괴한다. 다시 말해 인간 사이에서 타인을 간섭하거나 침해하지 않으면서 마땅히 발생해야 할 것과 그렇지 않아야 할 것이 무엇인가에 대한 보편적 기대까지도 파괴하는 것이다. 타인의 인간으로서의 존엄을 **침해하는 사람** 자신도 그가 제멋대로 피해자를 처리하는 순간 어느 정도는 다음과 같은 점을 의식하게 된다. 즉 입장이 바뀌어 자신이 어떤 다른 타인에 의해 **피해자**의 처지에 놓이게 된다면 자신에 대해서도 인간들을 상호적이고 쌍방적으로 결합하는 의욕에 대한 보편적인 기대(이러한 기대는 윤리와 법을 통해 보장된다)가 파괴될 것이라고 의식하게 된다.

따라서 인간의 인간에 대한 억압은 ― 쟝 아메리(Jean Améry)가 너무나도 뚜렷하게 밝히고 있듯이 ― 단순히 구타를 당하는 타인의 신체만을 파괴하는 것이 아니라, 시민상태(status civilis), 즉 인간들 사이의 **문화상태**의 근거가 되고 이를 정당화하는 '사회계약' 자체까지도 파괴한다. 문화상태에서 인간들 상호 간의 행동은 원칙적으로 윤리나 법에 의해 규율된다. 윤리나 법의 규율은 **상호성 원칙**(이른바 황금률)과 **보편성 원칙**(이른바 정언명령)을 동시에 실현한다.[13] 바로 이 두 원칙이 근대에 들어 **인간의 인간으로서의 원칙적인 평등**을 전제로 '사회계약'을 건설했다. 오늘날의 우리의 운명에 결정적인 영향을 미친 두 가지 위대한 **평등혁명**, 즉 **모든 인간의 원칙적으로 평등한 자유와 안전**을 요청한 **민주주의 혁명**과 **모든 인간의 원칙적으로 평등한 복지와 정의**를 요청한 **사회주의 혁명**은 인간의 인간으로서의 원칙적인 평등이라는 전제에서 시작된 것이다.[14] 따라서 사회계약은 모든 인간의 근원적 인격성뿐만 아니라, 인간 상호 간의 연대성도 보장한다. 이러한 근원적 연대성에 기초하여 인간은 자신의 자유의 행사를 스스로 제한함으로써 상호적이고 보편적으로 평등한 행위규율에 복종하게 된다는 사실이 도출된다. 더 나아가 인간 사이의 계약이나 법률과 같이 인간들을 서로 결합하고 매개하는 의지를 통해 **기대에 대한 상호적이고 보편적인 결합** 및 **이러한 결합의 근거가 되고 이를 정당화하는 이익의 매개**가 실현될 때만 그와 같은 규율이 단순히 형식적 효력에 그치지 않고 실질적 타당성을 갖게 된다는 사실 역시 이러한 근원적 연대성에 기초한다.[15]

바로 이러한 의미에서 이미 칸트는 **생래적 자유권과 평등권**에 대

---

13 이에 관해서는 Werner Maihofer, *Vom Sinn menschlicher Ordnung*, 1956, S. 86 이하[한국어판: 「인간질서의 의미에 관하여(윤재왕 옮김)」, 2003, 117면 이하] 참고.

14 이에 관해서는 Werner Maihofer, "Demokratie und Sozialismus", in: Siegfried Unseld(Hrsg.), *Ernst Bloch zu ehren. Beiträge zu seinem Werk*, 1965, S. 31 이하 참고.

15 이에 관해서는 Werner Maihofer, "Recht und Existenz", in: *Vom Recht. Hannoversche Beiträge zur politischen Bildung*, Bd. 3, 1963, S. 182 이하 참고.

해 말하고 있다. 그에 따르면 생래적 자유권은 "모든 인간에게 그가 인간이기 때문에 인정되는 권리"이며, "여하한 법적 행동과는 관계없이 자연적으로 귀속되는 권리"[16]라고 말한다.

그러나 칸트는 자유권을 각 개인이 자신이 의욕하는 대로 행동할 수 있는 권리로 파악하는 실존론적(existenziell) 이해를 거부한다. 오히려 칸트는 자유권을 공존론적(koexistenziell)으로 이해하면서 자유권이란 "자유의 일반법칙에 따라 모든 사람의 자유와 양립할 수 있는 한도 내에서 타인의 강제적 자의로부터 독립성을 갖는 것"[17]이라고 한다.

따라서 칸트에 따르면 인간의 생래적 권리는 결코 각 개인의 실존과 관련을 맺는 것이 아니라, 인간의 타인과의 공존과 관련을 맺는다. 그렇기 때문에 생래적 자유권은 **생래적 평등권**과 같은 근원을 갖고 있다. 그리하여 칸트는 생래적 평등권을 인간이 "서로 결합한 목적을 뛰어넘어 그 이상으로 타인과 결합되지 않아도 될 독립성"[18]이라고 한다.

근원이 같은 이러한 자유와 평등의 원칙에 따라 인간 사이의 관계를 규율하는 상태에 도달할 때만 비로소 **상호인격성**, 즉 **인격에 대한 쌍방적 존중**이 보장될 수 있다. 동시에 그럴 때만 비로소 **상호연**

---

16 Kant, *Metaphysik der Sitten*, S. 43.
17 그 때문에 칸트는 생래적 자유권과 평등권을 상호적으로 매개하는 역할을 하는 법의 개념을 그의 유명한 정의를 통해 다음과 같이 표현할 수 있었다. "법이란 한 사람의 자의가 다른 사람의 자의와 자유의 일반법칙에 따라 서로 양립할 수 있는 조건의 총체이다(Kant, *Metaphysik der Sitten*, S. 34 이하)."
18 따라서 칸트의 경우에도 생래적 평등으로부터 도출되는 상호성 원칙, 즉 황금률에 따른 매개적 의지와 생래적 자유로부터 도출되는 보편성 원칙, 즉 정언명령에 따른 결합적 의지의 원칙은 서로 밀접하게 맞물려 있다.

대성, 즉 인간 사이의 연대성을 통한 쌍방적 결합이 보장될 수 있다. 타인이 나 자신을 처분할 수 없다는 원칙(칸트의 표현에 따르면 '타인의 강제적 자의로부터의 독립성')을 전제로 할 때만 비로소 나는 **나의 자유를 행사할 권리**를 갖게 된다. 동시에 이러한 전제하에서만 비로소 타인의 자유의 행사가 상호성을 갖는 한도 내에서 **나의 자유를 특정한 방식으로 행사해야 할 의무**가 성립하게 된다(칸트의 표현에 따르면 '서로 결합한 목적을 뛰어넘어 그 이상으로 타인과 결합되지 않아도 될 독립성').

그러나 한 인간이 **타인의 억압에 대해 아무런 저항도 하지 못하고 또한 다른 인간들로부터 어떠한 도움도 받지 못한 채 버려져 있는 한계상황**에서는 상호인격성(나의 자유의 행사에 대한 **평등하고 보편적인 존중**이라는 한계 내에서 이루어지는 인간의 인격성에 대한 상호존중)과 상호연대성(나의 자유의 행사에 대한 **평등하고 상호적인 결합**이라는 한계 내에서 이루어지는 인간 사이의 연대성을 통한 상호결합)이 모두 말살되고 파괴된다.

이러한 한계상황에서는 그 자체 타인에 의해 처분될 수 없는 것이 일방적으로 처분됨으로써 **인격성에 대한 보편적인 존중의 기초인** 상호인격성이 말살될 뿐만 아니라, 동시에 **연대성을 통한 상호적인 결합의 기초인** 상호연대성도 파괴된다.

나를 구타하고 고문하는 권위주의체제의 하수인은 단순히 나의 신체만을 파괴하는 것이 아니라, 그 자신과 다른 모든 사람 사이의 관계에까지 영향을 미치는 우리들 사이의 사회계약까지도 파괴한다. 문화상태에서 인간 — 그가 어떠한 역할이나 지위를 갖고 있는지에 관계없이 — 에 대한 인간의 모든 행위는 그러한 사회계약의 틀 안에서 이루어져야 한다. 따라서 만일 상호인격성이 파괴된다면, 이제는 내가 나의 인격성을 파괴한 자의 인격성을 존중해야 할 이유가 더 이상 존재하지 않는다. 내가 타인의 침해에 저항할 수 있는 권리(정당방위)를 갖고 있긴 하지만, 나를 침해한 타인의 우월한 힘 때문에 저항할 수 없다는 사실은 나로 하여금 나의 실존의 심연, 즉 내가 무엇을 행하고 무엇을 감수할 것인지를 결정하는 것은 타인이 아니라 원칙적으로 바로 나 자신이라는 **자기신뢰**를 무너뜨린다.

특정한 타인에 의해 내가 도저히 저항할 수 없는 억압이 발생할 때는 문화상태를 통해 상호인격성을 보장하는 사회계약이 파괴될 뿐만 아니라, 이와 동시에 나 스스로 저항할 수 없고 다른 사람으로부터 도움을 받을 수도 없기 때문에 우리가 상호연대성이라고 부르는 것마저도 파괴된다. 따라서 나에 대한 타인의 연대성이 부정될 경우 나는 타인과의 모든 연대성으로부터 동떨어져 혼자가 된다. 즉 나 스스로 타인의 경계 침범을 바로잡을 수 없는 한, 이 경계 침범은 타인 전체의 이름으로 타인과 함께하는 한 사람인 나에게 직접적으로 영향을 미친다. 그리하여 외적 폭력과 자의에 의한 한계상황에서 타인이 나와 더 이상 결합되지 않고 나에 대해 어떠한 의무감도 느끼지 않으며 또한 타인 전체가 나를 침해한 폭력과 자의에 대항하지 않고 오히려 이를 허용하고 조장한다면, 나의 인격성의 기초만이 말살되는 것이 아니라 인간 사이의 연대성의 기초도 파괴된다.

특정한 타인에 의한 저항할 수 없는 억압뿐만 아니라, 타인 전체로부터 아무런 도움도 받지 못한 채 버려져 있다는 것은 나로 하여금 나의 공존의 심연, 즉 내가 타인의 인격성을 존중하는 이상 **연대성을 통해 서로 결합된 타인도 원칙적으로 나의 인격성을 존중할 것이며, 또한 어떤 타인이 나의 인격성을 존중하지 않는다면 연대성을**

통해 결합된 타인이 나의 인격성을 보호해 줄 것이라는 세계신뢰마저 무너뜨린다.

폭력적이고 자의적인 지배체제가 확립되어 모든 국가구조와 법질서가 완전히 타락한다면 ― 독일헌법은 인간존엄의 불가침성을 선언함으로써 이러한 타락현상이 영원히 발생하지 못하도록 하고 있다 ― 단순히 한 사회 내의 지배계급이나 특정한 종족, 정당, 종파 등과 같이 권력을 장악한 타인이 폭력과 자의를 통해 그 자체 원칙적으로 처분할 수 없는 인간의 인격성을 침해하는 것에 그치지 않는다. 즉 권력을 장악한 타인들은 인간의 존엄이 침해당한 피해자들을 어떠한 저항도 할 수 없고 아무런 도움도 받을 수 없도록 유기함으로써 피해자의 연대성을 파괴하고 인간의 존엄, 즉 인격성을 침해하는 행위자들로 하여금 그들만의 연대성을 강화하도록 하여 인간 사이의 연대성까지 정반대의 방향으로 타락하게 만든다.

타인의 우월한 힘에 압도되어 완전히 무기력한 상태에 빠진 인간은 타인에 의해 억압당하고 버려짐으로써 인간에 의한 인간의 완전한 굴욕상태를 체험하게 된다. 즉 나를 구타하거나 내게 고통을 가하는 개별적인 타인뿐만 아니라, 타인 전체가 공존자에서 적대자(Gegenmensch)로 변하여 인간의 인격성에 대한 평등한 존중과 평등한 보호를 더 이상 기대할 수 없게 된다. 인간의 (실존 속에서의) 공존이 파괴된 이러한 한계상황에서 인간은 단지 한낱 개인으로서 타인에 대한 예속을 체험하며, 자기 스스로를 '방어'하거나 '도울' 수 없는 상태에서 완전히 자기 자신에게만 국한되어 있는 존재가 되고 만다. 그는 그저 한낱 개인에 불과하며 타인들에게 내맡겨져 있고 타인들에 의해 희생당하며, 또한 이 세계의 다른 사람들을 향해 '희망을 품거나' '의지할 수 있는' 가능성을 박탈당한 채 버려지게 된다.

인간이 타인들과의 관계에서 타인들이 자신의 존엄, 즉 인격성을 존중하고 연대성을 보호하리라고 신뢰할 수 없다면 그 인간이 **자기 자신**으로서 살아가며 품고 있는 믿음, 즉 자기신뢰가 파괴될 뿐만 아니라, 동시에 그가 **타인들 속에 있는 한 사람**으로서 살아가면서 품고 있는 믿음, 즉 세계신뢰마저도 파괴된다.

우리가 헌법을 통해 **인간존엄의 불가침성**을 **규범**으로 고양시킨 것은 **인간존엄의 침해**라는 **사실**을 통해 발생하는 인간의 인격성에 대한 위협과 말살 그리고 인간 사이의 연대성에 대한 위협과 파괴에 대처하기 위한 것이었다.

II. 규범: 인간존엄의 불가침성

독일 연방공화국의 기본법은 하나의 역사적 사실로 경험되었고 또한 현실적으로 발생했으며 장래에도 발생할 가능성이 있는 인간존엄의 침해를 감안하여 제1조에 "인간의 존엄은 침해될 수 없다"라는 간결한 규정을 두고 있다. 그러나 일반인들에게는 다소 생소하게 들릴 이 표현은 **존재사실**을 말하고 있는 것이 아니다. 물론 인간의 존엄이 현실적으로 침해되고 또한 그럴 수 있다는 사실은 과거뿐만 아니라 현재와 미래에도 객관적, 실제적으로 있을 수 있는 가능성으로 전제된다. 그러나 기본법 제1조는 ─ 법률가들의 일상적 어법을 빌리자면 ─ 하나의 **당위규범**을 정립한 것이다. 그렇다면 이러한 당위규범의 근거, 즉 이 규범의 성립근거와 목표근거는 어디에 있는 것일까?

인간의 존엄에 대한 헌법적 보장을 통해 정립된 당위규범의 성립근거는 무엇보다 이 규범의 전제가 되는 존재사실이다. 즉 사회학적 고찰이 보여 주듯이 우리가 경험했던 불법국가와 권력국가에서는 **인간존엄**에 대한 침해가 **사실상의 관행**(사회학적 규범개념)이라는 의미에서 하나의 규범이었다는 점이 곧 기본법 제1조의 당위규범이 성립한 근거이다. 헌법제정자들은 바로 우리가 역사적으로 경험했던 인간존엄에 대한 침해와 위협 때문에 단지 과거뿐만 아니라, 현재와 미래까지도 고려하여 그러한 역사적 사실에 단호하게 대응한 것이다. 만일 우리가 동일한 역사적 사실을 법학적으로 고찰해서 **인간존엄의 불가침성**을 마땅히 행해야 할 **당위적 행동**(사회학적 규범개념과는 완전히 다른 법학적 규범개념)이라는 의미에서 하나의 '규범'으로 확립한다면, 과거의 역사적 사실은 분명 법과는 확연히 구별되는 불법일 뿐이다.

기본법의 원칙규범의 규범적 (목표)근거 ― 이는 사실적인 (성립)근거와는 구별된다 ― 는 사실상으로 행해진 인간존엄의 침해를 반가치(Unwert)로 여기는 반면, 법적 당위에 따라 인간의 존엄을 침해하지 않는 것을 가치(Wert)로 여긴다는 데에 있다. 그렇다면 존재(존재사실)와 당위(당위규범)의 비교를 통해 도대체 어떻게 반가치와 가치를 경험할 수 있을까?

물론 그렇다고 해서 '가치의 왕국' 속에 인간의 존엄이라고 불리는 '객관적 가치'가 존재하고 있고, 이로부터 우리가 인간존엄의 침해를 가치에 반한다고 평가하고, 그 반대로 인간존엄의 불가침성은 가치에 부합한다고 평가하게 되는 것은 아니다. 그런데도 우리는 인간의 존엄이 존재적 성격을 갖고 있는 가치라는 점을 인정한다. 이 존재적 성격은 우리가 인간존엄의 침해를 반가치라고 말할 수 있고, 인간존엄의 불가침성은 가치라고 말할 수 있다는 사실 자체에 근거를 두고 있다. 즉 인간의 존엄이라는 가치는 이에 대한 침해를 반가치로 평가하고, 이에 반해 인간존엄의 불가침성을 규정한 규범의 목표를 가치로 평가할 때는 언제나 평가의 근거로 작용한다. 그렇다면 객관적 가치가 아닌데도 불구하고 바로 그와 같은 평가의 근거가 되고 있는 인간의 존엄 자체의 근거는 어디에 있는 것일까?

우리가 전통적인 형이상학처럼 가치를 인간과는 무관하게 객관적으로 이미 주어져 있는 것으로 보는 것이 아니라, 상호주관적인 인간조건, 즉 인간이 인간세계에 존재하기 위한 보존조건과 발전조건의 관점에서 파악한다면,[19] 인간의 존엄이라는 가치도 바로 인간이 세계 내에 존재하는 방식에서 그 존재론적, 인간학적 근거를 찾게 된다. 왜냐하면 인간의 인격성이 철저히 말살되고 인간 사이의 연대성이 완전히 파괴되는 한계상황에서 드러나듯이 개인의 자기처분권은 분명 인간이 이 세계에서 살아가기 위해 근본적인 의미를 갖는 보존조건과 발전조건으로 파악되기 때문이다. 따라서 만일 이러한 인간조건이 침해된다면, 한 인간의 인간으로서의 존재가능성, 즉 그의 인간으로서의 존엄의 핵심인 인격성 자체가 말살된다. 이 점은 한 인간이 어떠한 저항도 하지 못하고 다른 인간에 의해 억압당하는 극단적인 상황에서 극명하게 드러난다. 그러므로 인간의 존재가능성과 관련된 상황이나 상태, 다시 말해 인간의 모든 조건들이 개인의 **자기처분권**과 원칙적으로 양립할 수 없는

---

19 '가치'를 인간의 보존조건과 발전조건의 관점에서 파악하는 입장에 관해서는 Maihofer, *Vom Sinn menschlicher Ordnung*, S. 73 이하[한국어판 100면 이하] 참고.

경우라면 이러한 조건들은 인간의 인격성에 대한 위협 또는 말살로서 '인간의 존엄에 반한다'라는 반가치적이고 '부정적인 성질'을 갖는다고 평가하게 된다. 또한 인간의 존재가능성을 둘러싼 모든 조건들이 타인이 **나를 도울 수 있는 가능성**을 박탈하고 있는 경우도 마찬가지이다. 즉 이러한 조건들은 인간 사이의 연대성에 대한 위협 또는 파괴로서 '인간의 존엄에 반한다'라는 반가치적이고 부정적인 성질을 갖는다고 여겨진다. 이 점은 한 인간이 다른 인간으로부터 아무런 도움도 받지 못하고 버려져 있는 극단적인 상황에서 뚜렷하게 알 수 있다.

우리는 인간존엄의 침해라는 특정한 사실을 반가치, 즉 인간의 존재가능성을 해치고 존재가능성에 부합하지 않는 조건으로 여기는 반면, 인간의 존엄이 침해되지 않는다는 사실은 인간의 인간다운 삶에 유익하고 여기에 부합하는 존재가능성의 조건으로 파악한다. 바로 그 때문에 이처럼 완전히 상반된 평가의 대상이 되는 두 존재상황 사이의 긴장(또는 양자의 차이와 불일치)으로부터 인간의 존엄이라는, 존중하고 보호해야 할 인간의 **선**(善)에 관한 인식도 생겨날 수 있게 된다. 다시 말해 이 두 가지 존재상황을 비교해 보면 어느 것이 인간의 공존 가운데서의 실존(Existenz in Koexistenz)과 관련하여 인간의 선으로 경험되는 조건인지가 분명하게 밝혀진다. 이러한 조건은 인간의 원칙적인 자기귀속성과 자기처분성(인간의 인격성) 및 인간의 원칙적인 타자지향성과 상호지향성(인간의 연대성)에 관련된다. 따라서 이러한 조건은 인간의 선 가운데 어떤 선이 아니라, 바로 우리가 인간의 **최고선**이라 부를 수 있는 조건이다. 그러므로 인간의 존재가능성에 관한 이러한 조건들은 근원적이고 기본적인 조건으로 여겨진다. 왜냐하면 이러한 조건들을 보장하는

문제는 단순히 **인간적인 것 내에서** 더욱 인간적인 것이냐 그렇지 않
느냐의 문제가 아니라, 인간적인 것으로부터 초인간적인 것과 비
인간적인 것을 구별하는 한계의 문제이기 때문이다. 만일 한 인간
의 궁극적 자기귀속성이 보장되지 않는다면 그는 더 이상 '인간'일
수 없고 또한 계속 인간으로 남을 수도 없는 '물건'에 불과하다. 이
와 마찬가지로 한 인간이 타인과의 상호의존성을 완전히 박탈당한
다면 그는 '인간'일 수 없고 또한 인간으로 남아 있을 수도 없다. 즉
그는 '비인간(Unmensch)'이 되고 만다.

　이와 같이 자기 자신과 타인에 대해 하나의 선으로 여겨지며, 또
한 본질적이며 가치 있는 것으로 인식되는 인간존재는 단순한 존
재상태에 그치지 않고 당위의 대상이 된다. 왜냐하면 인간은 자신
의 삶을 가능하게 만드는 조건을 형성하고 유지하는 것이 단순히
자연의 문제가 아니라 인간의 문제임을 인식해야 하기 때문이다.
그러나 강자가 약자를 억압하고 우월한 자가 열등한 자를 착취하
고 예속하는 것은 세계의 자연적인 전개과정이며 인간사 역시 그
러하다. 따라서 자연상태가 지배하는 곳에서는 인간들이 서로 동
등한 힘을 갖고 있거나 상호적인 사랑으로 서로 결합할 때만 인간
의 자기처분성과 상호의존성이 보장된다.[20]

　그러므로 우리가 전통적인 표현에 따라 인간의 존엄이 천부적으
로 인정된다고 말할 수 있다고 할지라도 다음과 같은 사실을 반드
시 인식해야 한다. 즉 인간의 존엄이 보장되는 사회상태인 **문화상
태**는 '저절로' 이루어지는 것이 아니라, 문화상태를 형성하고 유지
하기 위해 인간 자신의 엄청난 노력을 필요로 한다는 사실이다. 그

20　자연상태에서 인간의 '처분가능성'에 관해서는 Maihofer, "Recht und
　　Existenz", S. 183 이하 참고.

렇기 때문에 인간은 세상사가 **자연 그대로** 흘러가도록 내버려 두고, 그리하여 육체적, 사회적 강자들이 그들만의 인간존엄을 주장하고 자기귀속성과 자기처분성을 확보하는 반면, 약자들은 그렇게 하지 못하는 상태에 있을 것인지 아니면 이와는 정반대로 세상사가 **인간다운 길**을 걷도록 할 것인지를 선택해야 할 기로에 놓이게 된다.[21]

  따라서 모든 당위는 인간의 존재가능성에 대한 반가치적 조건이냐 아니면 가치적 조건이냐를 선택하는 문제로부터 도출된다. 즉 모든 당위의 **성립**은 '반가치적'으로 여겨지는 **자연적 사회현실** 속에 살고 있는 인간존재에 **근거**하며, 당위의 **목표**는 바로 '가치적'으로 여겨지는 **법적 사회현실** 속에 살고 있는 인간존재에 **근거**한다. 물론 이러한 선택 앞에 선 인간은 ─ 마치 남자나 여자가 자기의 타고난 '성'을 적극적으로 선택할 수 없고, 단지 이를 인정 또는 부정하는 소극적 선택만이 남아 있는 것과 같이 ─ **자연이 이미 내린 결정**에 의해 강요당하는 것이 아니라, 오히려 **정신적 자기결정**을 내리도록 강요당한다. 인간에게는 단지 다음의 선택만이 남아 있다. 즉 자신의 인간존재를 긍정할 것인가 부정할 것인가, 자신을 보존하고 발전시키기 위한 가능조건을 마련할 것인가 그렇지 않을 것인가를 선택해야만 한다. 그렇기 때문에 이러한 선택은 성의 '선택'의 경우와 같이 단순히 자연적으로 결정된 인간상태를 그대로 받아들일 것인가의 문제가 아니다. 문화상태에서는 예컨대 성의 역할도 단순히 생물학적 기능의 문제에 그치지 않고 인간의 자기결정에 따

---

21 모든 법의 근거가 되는 이 세계의 '비인간성'에 관해서는 Maihofer, *Naturrecht als Existenzrecht*, 1963, S. 30 이하[한국어판: 「실존법으로서의 자연법(윤재왕 옮김)」, 2011, 37면 이하] 참고.

른 사회학적, 이데올로기적 변형을 겪게 된다. 인간이 자기귀속성, 자기처분성, 타자지향성 및 상호지향성을 인간과 인간의 관계에 관한 근본결정으로 선택하는 문제는 오로지 인간의 자기결정에 달려 있다.

문화상태를 선택하는 인간의 자기결정이 인간의 타고난 감각적 본성, 즉 인간의 자연적 성향이나 욕망과 모순되는 것은 아니지만, 그렇다고 해서 인간의 타고난 이성적 본성에서 그 근거를 찾을 수도 없다. 그 때문에 이미 칸트는 인간의 이성적 본성이 인간 스스로 목적을 설정하고 그에 걸맞은 활동을 통해 '메워야' 할 '창조의 공백'이라고 말하고 있다.[22]

그러나 **인간존재**는 어떠한 매개 작용도 없이 저절로 **당위가 요청**하는 상태에 이르게 되는 것이 아니라, 오로지 간접적으로만, 즉 인간 자신의 **인식**과 **의지**의 매개를 통해서만 그러한 상태로 나아가게 된다. 이러한 매개는 특정한 존재상태와 이를 가능하게 만든 존재가능성의 조건들이 역사적 경험을 통해 반가치적이고 인간의 존엄에 반하는 것으로 의식되는 경우에 이루어진다. 따라서 그와 같은 역사적 경험은 어떤 측면에서는 유익한 고통이라 할 수 있다. 결국 가치적 상태와 이를 가능하게 만드는 조건들은 **의식을 통해 이루어진 사실**, 즉 하나의 **선(善)**이라는 성격을 갖게 된다. 그러므로 인식을 통해 하나의 선으로 평가되는 **인간존재**는 그것이 **의지의 대상**, 즉 **규범**으로 전환될 때 **인간에 대한 당위**로 바뀌게 된다.

---

22 이와 같이 인간의 본질을 자기결정으로부터 해석하는 입장에 관해서는 Kant, *Idee zu einer allgemeinen Geschichte in weltbürgerlicher Absicht*, Ausgabe Weischedel, Band VI, S. 31 이하(98)와 Maihofer, "Droit naturel et nature des choses", in: *Archiv für Rechts- und Sozialphilosophie*, Band 51(1965), S. 235 참고.

그러므로 존재상태와 존재조건을 비교하여 인간의 인간다운 삶을 위해 가치적이라고 인식된 것에 **선으로서의 성격**을 부여할 것인가 그렇지 않을 것인가는 결코 인간의 자의에 내맡겨질 수 없다. 이와 마찬가지로 하나의 선으로 인식된 가치적 상태에 대해 **규범으로서의 성격**을 인정할 것인가 부정할 것인가 역시 자의적으로 결정될 수 없다. 왜냐하면 인간이 **인식의 내용**이 된 가치를 존재상태 및 이 상태를 가능하게 만드는 조건을 형성하고 유지하기 위한 **의지의 대상**으로 삼지 않는다면, 이는 완전한 자기모순이기 때문이다. 우리가 인간의 존엄을 하나의 **선**, 즉 **인간존재의 가치적 상태** ─ 물론 이는 존재가능성의 특정한 조건, 즉 인간 사이의 일정한 외적 존재관계와 일정한 내적 존재구조를 전제한다 ─ 로 **인식**한다면 인간인 우리는 가치 있다고 인식된 상태를 형성하고 유지하기에 적합한 **규범**, 즉 **인간의 행태에 관한 의미 있는 규칙들을 의욕**할 것인가 그렇지 않을 것인가를 자유롭게 선택할 수 없다. 따라서 인간의 선택은 ─ (인식과 의지를 동시에 가진) 인간이 자기모순에 빠지려고 하지 않는다는 전제하에 ─ 인식과 의지가 일치하도록 노력하지 않을 수 없다.

모든 권리와 마찬가지로 인간의 권리로 고양된 인간의 존엄도 전통적인 자연법론이 생각하는 것처럼 인간의 자연적 결정의 산물이 아니라, 인간의 자기결정의 표현이다. 근대의 권리이론에 따르면 ─ 이미 헤겔이 언급한 바와 같이 ─ "모든 권리와 이 권리에 따른 결정은 오로지 인간의 자유로운 인격성, 즉 인간의 자기결정에 기초한 것이며, 인간의 자기결정은 자연적 결정과는 완전히 반대되는 것이다."[23] 이와 마찬가지로 인간의 존엄에 대한 권리 역시

---

23 이처럼 권리의 본질을 인간의 자기결정으로부터 해석하는 입장으로는 Hegel, *System der Philosophie*, (Jubiläums-)Ausgabe Glockner, Band

인간의 자기결정에 기초한 것이다. 헤겔의 이 언급은 그의 시대를 뛰어넘어 영원히 타당하다.

오늘날 헌법제정자가 **인간의 존엄**을 **최고선**으로 인식하고 또한 법을 통해 인간의 존엄을 **최고의 법익**으로 인정했다고 할지라도, 인간의 존엄으로부터 개인, 사회, 국가의 행동에 대한 특정한 결론을 도출할 것인가 그렇지 않을 것인가는 결코 헌법제정자의 자의에 따른 것일 수 없다. 따라서 국가도 명백히 인간의 존엄에 구속된다. 즉 국가는 원칙규범인 **인간존엄의 불가침성이 인간 사이의 모든 관계나 행동**에서 타당성과 구속력을 갖도록 해야 한다. 더 나아가 국가는 **국가권력의 모든 행위**와 관련해서도 근본규범으로서의 인간존엄의 불가침성이 존중되고 보호되도록 해야 한다.

인간의 존엄이 권리로 고양됨으로써 국가와 개인, 국가와 사회 그리고 국가와 인류 전체의 관계는 힘에 기초한 자연상태에서 빠져 나와 완전히 다른 토대, 즉 권리에 기초한 문화상태에 도달하게 된다. 이러한 문화상태에서는 인간이 국가를 위해 존재하는 것이 아니라, 국가가 인간을 위해 존재하며, 인간다운 삶의 보장은 모든 국가활동의 핵심이 된다.

기본법 제1조 제1항 2문이 인간의 존엄을 "존중하고 보호하는 것은 모든 국가권력의 의무이다"라고 규정한 것도 바로 이와 같은 의미를 갖고 있다. 따라서 국가는 인간의 행위에 의해 발생할 수 있는 모든 침해로부터 **인간의 존엄을 보호**해야 할 과제를 가질 뿐만 아니라, **인간의 존엄을 존중**해야 할 의무도 부담한다. 이것은 과연 무슨 의미일까?

10, S. 390과 Maihofer, "Droit naturel et nature des choses", S. 237 참고.

1. 인간존엄의 존중

기본법 제1조 제1항 1문에 대한 오늘날의 해석에 따르면 **인간존 엄의 불가침성**의 헌법적 보장에 의해 인간의 존엄은 어떠한 사람으로부터도 '**절대적으로 보호**'되어야 하며 또한 '**모든 침해**'[24]로부터 '**전 면적으로 보호**'되어야 한다는 사실이 도출된다고 한다. 따라서 국가에 의한 침해뿐만 아니라, 개인이나 사회에 의한 침해로부터도 인간의 존엄은 보호되어야 한다.[25] 한 걸음 더 나아가 기본법 제1조 제1항 2문은 **국가**에 대해 **인간의 존엄을 존중할 의무**를 부과하고 있으며, 따라서 모든 국민에게 국가에 대해 "인간의 존엄을 침해하는 어떠한 행위도 하지 말 것"을 요청할 수 있는 헌법적으로 보장된 권리를 부여하고 있다.[26]

따라서 인간의 존엄이라는 '가치주체의 청구권'은 모든 관점에 비추어 볼 때, 개념적으로는 '일단 순수한 부작위청구권'이다. 즉 이 청구권은 인간의 존엄을 "침해하지 말고 존중할 것"과 관련된다.[27] 다시 말해 '방어권'의 방식에 따라 국가는 인간의 존엄을 '소

---

24 예컨대 Hans Carl Nipperdey, in: Neumann/Nipperdey/Scheuner (Hrsg.), *Die Grundrechte. Handbuch der Theorie und Praxis der Grundrechte*, Zweiter Band, 1954, S. 21.

25 이에 관해서는 Zippelius, *Zweitbearbeitung des BK*, Art. 1, Rn. 34, 35 참고.

26 Nipperdey, ebd., S. 21. 니퍼다이의 견해를 따르는 입장으로는 예컨대 Andreas Hamann, Das Grundgesetz für die Bundesrepublik Deutschland vom 23. Mai 1949. Ein Kommentar, 1956, Erläuterung C 3 zu Art. 1(S. 74) 참고.

27 Günter Dürig, in: Maunz/Dürig, *Grundgesetz. Kommentar*, 1966. Art. 1, Rn. 2. 여기서는 연방헌법재판소의 원칙적인 판결(Entscheidungen des Bundesverfassungsgerichts, Band 1, S. 97 이하)을 원용하고 있다.

극적으로 모든 침해로부터 방어'[28]해야 한다. 그러므로 국가가 인간의 존엄에 대한 어떠한 침해도 해서는 안 된다는 관점에서 보면, 어느 누구도 인간의 존엄을 침해해서는 안 된다는 기본법 제1조 제1항 1문의 규범과 국가는 인간의 존엄을 **존중**해야 한다는 2문의 규범은 보호기능이라는 측면에서 서로 일치한다.[29]

하지만 결정적인 의미를 갖는 물음은 이 기본법 규정을 모든 국가권력에 대해 인간의 존엄을 침해하지 말라는 명령과 이를 존중하라는 요청으로 해석하는 것만으로 충분한가이다. 다시 말해 단순히 인간의 존엄을 '침해'하지 말도록 의무를 부과하는 것만으로 문제가 완전히 해결된다고 볼 수 있는가이다. 우리가 인간의 존엄을 인간의 자기귀속성과 자기처분성, 즉 **인격성**으로 파악한다면, 개인이나 사회 내의 개별 집단 또는 사회 전체가 인간의 존엄을 **침해**하고 **무시**하는 것도 모두 **인간의 자기결정**을 근본적으로 위협하는 것이다. 한 사회 전체나 사회 내의 특정 집단에 대한 강제추방, 한 개인의 강제이주 및 개인에 대한 사회적 억압과 경제적 예속, 사회 내의 특정 집단이나 사회 전체에 대한 억압과 예속 등[30]은 모두 그러한 침해나 무시에 해당한다. 이 밖에도 인간을 국가활동의 단순

---

28 Entscheidungen des Bundesverfassungsgerichts, Band 1, S. 104.

29 물론 이 점은 실질적으로 다음과 같은 모순을 지니고 있다. 즉 인간의 존엄을 존중할 의무를 부담하고 있는 국가가 동시에 (기본법 제1조 제1항 1문에 따른 인간존엄의 보호 의무를 통해 국가권력에 의해 가해지는 인간존엄의 침해를 막아야 할 보장자가 된다는 점에서) 자신의 침해 행위에 대해서도 결정을 내려야 한다는 것은 모순이다. 따라서 본질적으로 서로 모순되는, 국가권력의 이중적 의무가 서로 충돌할 때는 헌법상의 권력분립에 의해 해결할 수밖에 없다.

30 인간의 존엄에 대한 명백한 침해에 관해서는 특히 Dürig(각주 27), Rn. 30 참고.

한 객체, 즉 국가의 목적을 위한 일방적 수단으로 전락시키는 모든 조치도 여기에 해당한다. 예를 들어 법적 청문권을 전혀 보장하지 않는 형사소송에 강제로 복종시키는 것, 강제수단을 사용하여 자백을 얻어 내는 것, 국가가 규정한 세계관적, 정치적, 종교적 신념을 관철하기 위해 양심을 강제하고 심정에 폭력을 가하는 것 등은 모두 인간의 존엄을 침해하고 무시하는 것이다.[31]

그러한 침해가 발생하는 경우에는 언제나 인간의 자유로운 자기귀속성과 자기처분성도 **침해**되고 **무시**당한다.

인간의 자기귀속성과 자기처분성에 대한 침해와는 달리 개인이나 사회 내의 개별 집단 또는 사회 전체가 인간 상호 간의 관계에서 연대성을 갖는 것이 불가능하게 될 경우에는 인간의 **타자지향성과 상호지향성을 위한 연대성이 침해되고 무시**되는 것이 아닐까? 즉 국가가 인간으로 하여금 자신의 부모를 밀고하고, 자기 자식을 비방하고, 자신의 가족을 고통받게 하고, 자기의 이웃을 자의적인 지배에 내맡기도록 강요하는 것 역시 인간존엄의 침해가 아닐까? 인간은 국가에 대해 **인간의 인격성**을 존중하라고 요청할 권리뿐만 아니라, **인간 사이의 연대성**을 존중하라고 요청할 권리도 갖고 있다는 것은 너무나도 명백하다. 물론 인간존엄의 두 번째 측면은 아직 일반인들의 의식에까지 자리 잡고 있지는 않은 것 같다.

그러므로 인간존엄의 **침해와 무시**는 국가권력의 **특수한 행동**, 특히 **적극적 행동**인 **작위**(作爲)를 전제로 한다는 기존의 지배적 견해는 문제를 부당하게 축소한 것이다. 왜냐하면 국가권력의 **전반적인 행동**, 특히 **소극적 행동**인 **부작위**(不作爲)에 의해서도 인간의 존엄을

---

31 '인간존엄의 침해'에 관한 개별사례를 요약적으로 설명하고 있는 것으로 는 Zippelius(각주 25), Rn. 12 참고.

'침해'하고 '무시'하는 전반적인 상태가 성립하거나 성립하지 않을 수 있기 때문이다.

자유 법치국가적 민주주의 및 자유 사회국가적 민주주의를 표방하고 있는 독일 헌법은 국가에 대해 독일의 헌법현실을 법적 및 사회적으로 형성할 책임을 부과하고 있다. 그렇기 때문에 국가가 헌법이 요청하는 상태를 형성하지 않거나 또는 헌법이 허용하지 않는 상태를 폐지하지 않는다면, 비록 그러한 부당한 상태가 개개의 국가활동, 즉 특정한 작위나 부작위에 기인한 것이 아닐지라도, 인간의 존엄을 침해하지 말라는 명령과 이를 존중하라는 요청을 국가가 위반한 것이라고 보아야 한다.

이에 반해 뒤리히(Dürig)처럼 인간존엄이라는 가치의 주체인 국민이 국가에 대해 갖고 있는 '가치청구권'을 단순히 인간으로부터 이러한 가치를 박탈해서는 안 된다는 **부작위청구권**으로만 파악한다면, 결국 국가를 극히 **소극적이고 방어적**인 관점에서 이해하는 결론에 도달하지 않을 수 없다.[32] 이와는 달리 그러한 '가치청구권'을 **적극적 행위에 대한 요청**으로 이해한다면, 국가가 적극적으로 그러한 가치를 창출(이는 오로지 인간 자신만이 할 수 있다)해야 하는 것은 아니지만, 각 개인이 '가치'를 실현할 수 있는 조건, 즉 연대성 속에서 인격성을 실현할 수 있는 조건을 마련해야 한다고 요청하게 된다. 따라서 뒤리히와 같은 입장에서는 인간을 모든 국가활동의 핵심으로 설명할 수 없으며 또한 국가를 인간의 '봉사자'라고 부를 수도 없게 된다.[33] 이와 동시에 국가의 '업무'는 단지 인간의 존엄에

---

32 Dürig(각주 27), Rn. 2.
33 예컨대, Hamann, ebd., Einführung Ⅰ C 2(S. 20)에서는 실제로 이러한 입장을 따르고 있다.

대한 적극적 침해를 하지 말라는 소극적 측면에 한정된다.

오늘날 우리의 **적극적 국가이해**에 따르면 국가권력의 모든 활동 (작위와 부작위)은 독일 헌법의 **근본원칙**, 즉 **법치국가원칙, 사회국가원칙, 민주주의원칙**을 실현해야 할 사명을 지니고 있다. 그렇다면 **인간의 존엄을 존중**해야 할 모든 '국가권력'의 의무는 이 세 가지 측면에서 국가활동의 실현을 위한 모든 행동의 기준이 되고 방향을 지시하는 근본규범이 아니겠는가? 그렇다면 **인간의 존엄을 존중하라는 청구권**은 모든 개별적 국가활동(작위와 부작위)의 형성뿐만 아니라, **국가의 전체 구조**를 법치국가적, 사회국가적, 민주주의적 헌법현실로 형성할 때도 반드시 존중되고 준수되어야 할 것이다.

결국 인간의 존엄에 대한 헌법적 보장은 헌법의 기본권체계에서 **근원적 기본권**으로서의 위상과 기능을 가질 뿐만 아니라, **헌법체계** 전체의 **실질적 근본규범**으로서의 위상과 기능도 갖고 있다고 보아야 한다. 바로 이러한 실질적 근본규범이 **국가조직의 실질적 근본원칙**에 대해 특수한 성격을 부여한다. 즉 독일의 국가조직은 관헌국가적 법치국가가 아니라 **자유 법치국가**이고, 복지국가적 사회국가가 아니라 **자유 사회국가**이며, 또한 인민국가적 민주주의가 아니라 **자유 민주주의**를 특성으로 한다.

그렇다면 **인간의 존엄을 보호**해야 할 국가권력의 의무는 바로 이 모든 것을 포괄해야 하는 것일까? 아니면 이 규범에 대한 오늘날의 통상적인 해석에 따라 인간의 존엄을 보호해야 할 국가권력의 의무는 단지 국가 자체를 통한 포괄적인 헌법보장 가운데 한 부분에 불과한 것일까?

2. 인간존엄의 보호

오늘날의 헌법해석에 따르면 **인간의 존엄을 존중**해야 할 모든 국가권력의 의무는 **부작위청구권**, 즉 국가가 개인의 인간으로서의 존엄을 침해하지 않는 것만으로 충분한 **소극적 행위의무**에 국한된다고 한다. 이와는 달리 **인간의 존엄을 보호**해야 할 의무로부터는 국가에 대한 행위요청, 즉 국가의 **적극적 행위의무**가 도출된다고 보지만, 이 적극적 행위의무는 국가 외적 영역에서 발생하는 인간존엄의 침해를 **방어**하는 것에 국한된다고 한다.

"**국가 외적** 영역에서 인간존엄의 존중요청이 침해(그것이 개인에 의한 것이든, 사회집단이나 **외국**에 의한 것이든)되는" 모든 경우에 "국가에 대한 인간존엄의 존중 요청에는 당연히 그러한 침해를 방어하라는, **국가에 대한 적극적 행위요청**도 포함되어야 한다."[34] 오늘날의 일반적 해석에 따르면 인간존엄의 침해에 대한 법익주체의 방어권 — 이는 인간존엄의 **불가침성**을 선언하고 있는 기본법 제1조 제1항 1문에서 도출된다 — 에는 인간의 존엄을 존중해야 할 국가권력의 의무를 규정하고 있는 2문에 비추어 볼 때, 국가권력 스스로 인간의 존엄을 침해해서는 안 된다는 **부작위청구권**도 포함된다고 한다. 그리고 이 부작위청구권에는 인간의 존엄을 **보호**해야 할 국가권력의 의무를 통해 국가 이외의 영역에서 발생하는 모든 침해를 방어해야 한다는, 국가권력에 대한 **방어청구권**이 추가된다고 한다. 하지만 '보호'라는 적극적 행동은 '적극적 형성'이 아니라, '단순히 침해의 방어', 즉 '**방어적 국가활동**'으로 파악한다.[35]

---

34 Dürig(각주 27), Rn. 3.
35 따라서 뒤리히는 연방헌법재판소의 판결(Entscheidungen des Bundes-

인간존엄의 헌법적 보장에 대한 이러한 일반적 해석은 문언 그 자체에 모순되는 것은 아니지만, 기본법의 정신에는 모순된다. 물론 법치국가를 법적 상태의 보장 또는 단순한 법률주의(Gesetzlichkeit)의 보장에 국한시킨다면 이러한 해석은 적어도 헌법의 **법치국가원칙**에는 부합한다고 볼 수 있다. 왜냐하면 법치국가에서 국가에 의해 보장되고 관철되는 권리보호와 법익보호는 인간의 존엄을 보호해야 할 의무가 있는 모든 국가권력이 담당하는 국가의 **원칙적 보호기능**을 구체화한 것이기 때문이다. 따라서 기본법 규범 가운데 최고 규범인 인간의 존엄을 이와 같이 매우 제한적으로 해석하는 헌법해석자들의 신중함은 어느 정도 납득할 수 있다. 하지만 헌법해석자들이 헌법의 **기초**를 **소극적이고 방어적인 국가이해**에 고정시키려고 하는 것은 납득할 수 없다. 이러한 국가이해는 원칙적으로 극단적인 자유주의 국가관에 기초했던 과거의 관헌국가적 법치국가의 국가이해와 구별되지 않는다.[36] 이처럼 모든 국가활동을 '방어적인 국가활동'에 국한시키고, 이를 전체 헌법사상과 헌법조직의 기초로 삼으려는 입장에서는 국가의 형성기능이 근본적으로 부정된다. 따라서 국가의 적극적 형성기능은 인간의 존엄으로부터 도출되는

---

verfassungsgerichts, Band 1, S. 97 이하)을 명시적으로 원용하고 있다. 그러나 그 결과에 비추어 볼 때, 단지 제한적인 의미만을 갖는 헌법재판소의 이 판결을 인간존엄의 헌법적 보장의 해석에 관한 원칙적 판결로 확장하는 것은 타당하지 않다.

36 그 때문에 이미 콘라드 뢰브(Konrad Löw, "Ist die Würde des Menschen im Grundgesetz eine Anspruchsgrundlage?", in: *Die öffentliche Verwaltung*, 11. Jahrgang 1958, S. 516 이하)가 인간존엄의 헌법적 보장에 관한 연방헌법재판소의 해석 및 이 해석을 따르는 뒤리히의 입장에서 견지되고 있는 국가관을 과거의 자유주의적 '야경국가'의 국가관이라고 표현한 것(S. 520)은 타당하다.

모든 국가권력의 헌법적 과제에 속하지 않는다고 단정하게 되면, 예컨대 사회국가원칙을 위하여 이러한 형성기능을 부분적으로나마 소생시키는 것마저도 불가능하게 된다.

그러나 기본법 제1조 제1항은 '물질적 빈곤으로부터의 보호가 아니라, 인간존엄의 침해로부터의 보호'[37]를 염두에 둔 것이라고 단정하는 연방헌법재판소 스스로도 **국가의 보호기능**이 요구하는 국가활동을 침해의 방어에만 국한시키는 입장을 견지할 수 없었다. 즉 연방헌법재판소는 극히 제한된 전제하에서 예외적으로 개인에게 국가에 대한 사회적 급부청구권을 부여하고 이를 헌법에 합치하는 청구권으로 인정함으로써, 자신의 원칙적 태도를 스스로 파괴하고 있다. 하지만 **국가의 원칙적 형성기능**이라는 전제가 아니고서는 사회적 급부청구권을 인정할 근거를 제시할 수 없고 이를 정당화할 수도 없다.[38]

국가의 보호기능을 오로지 인간존엄의 침해에 대한 방어에만 국한시키고, 그에 따라 기본법 제1조 제1항으로부터 '인간다운 삶에 필요한 물질적 이익'에 대한 개인의 '주관적 공권'을 도출하는 것을 철저히 거부하는 뒤리히조차도 결국에는 '최소한의 생존을 마련해 주어야 할 국가의 현실적 의무'를 인정함으로써 사실상 자신의 기

---

37 Entscheidungen des Bundesverfassungsgerichts, Band 1, S. 105.

38 인간존엄의 주체가 '물질적 빈곤'에 빠지지 않도록 보호하는 것을 원칙적으로 부정하고 있음에도 불구하고 이것이 "개인은 어떠한 경우에도 국가의 배려에 대한 청구권을 갖지 못한다"는 뜻은 아니라는 점을 인정하면서 "히틀러 통치의 결과 빈곤상태에 빠진 모든 사람들에게 견딜 수 있을 만한 생활여건을 마련해 주려는 노력"을 입법자가 "자의적으로, 다시 말해 아무런 실질적 근거 없이" 태만히 했을 때는 개인이 헌법소원을 통해 행사할 수 있는 청구권을 가질 수 있는 가능성을 명백히 열어 두고 있는 헌법재판소의 입장(Entscheidungen, S. 15)을 달리 설명할 길이 없다.

본입장과는 정반대의 결론에 도달하고 있다. 즉 자신의 책임이 없음에도 타인의 도움을 필요로 하는 입장에 처한 개인에게 국가의 '**배려**를 요청할 수 있는 주관적 공권'을 인정하고 있다. 뒤리히의 이러한 입장은 국가의 형성기능을 간접적으로 정당화하는 이론적 우회로를 거친 것이다. 즉 기본법 제1조 제1항으로부터 국가의 형성기능이 직접 도출될 수는 없지만, 제1조 제1항 2문에 "확정된 국가의 보호의무를 적극적인 사회형성기능으로 상승시킨" '여타의 헌법규범'과 제1조와의 연관성으로부터 국가의 형성기능이 간접적으로 도출될 수 있다고 한다.[39]

그러나 국가의 적극적 형성기능이 헌법의 **일차적 규범**에 최소한 원칙적으로나마 포함되어 있지 않다면 어떻게 사회국가원칙과 같은 **이차적 규범**에 의해 소극적 보호의무가 적극적 형성의무로 '상승'될 수 있겠는가? 인간다운 삶의 전제조건들을 적극적으로 보장하기 위한 국가의 형성의무를 원칙적으로는 부정하면서 이를 예외적으로 인정하는 것은 불가능하다. 즉 일반적 내용을 갖는 일차적 규범이 특수한 내용을 갖는 이차적 규범으로부터 우연적으로 도출되는 내용을 통해 배제될 수 있다고 보는 헌법관은 자가당착에 빠질 수밖에 없다. 따라서 사회국가원칙과의 '관련하에' 기본법 제1조의 규정으로부터 도출하고자 하는 내용은 바로 제1조의 규정 자체로부터도 도출되어야 한다. 그럴 때만 '기본법 제1조 제1항과의 관련하에 기본법의 사회국가적 결단(제20조, 제28조, 제79조 제3항)'으로부터 '국가의 적극적 형성의무'를 도출할 수 있다.

그러므로 제1조에 대한 올바른 해석에 따른다면 이 규정으로부

39　Dürig(각주 27), Rn. 44.

터 직접 도출되는 국가의 일반적 형성기능의 특수한 내용은 법치국가원칙, 사회국가원칙, 민주주의원칙 등 기본법의 실질적 원칙을 통해 규정할 필요가 있다고 보아야 한다. 이 점에서 독일 연방공화국의 기본법에 따른 적극적인 국가활동은 바로 이러한 실질적 원칙들을 통해 구체화되는 것이다.

이러한 측면에서 볼 때, 국가의 형성기능을 인간존엄의 헌법적 보장으로부터 직접적으로 정당화하는 바호프(Bachof)의 견해는 타당하다. 그는 "기본권의 출발점이 되는 인간의 존엄은 자유뿐만 아니라, 최소한의 사회적 안전까지도 요청한다"는 사실을 제1조 제1항으로부터 직접 도출한다.[40]

오늘날 연방사회부조법(Bundessozialhilfegesetz) 제1조는 기본법 제1조 제1항과의 관련성을 명시적으로 강조하면서, 사회부조의 과제가 수혜자로 하여금 "인간의 존엄에 상응한 삶을 영위할 수 있게 하는 것"이라고 규정하고 있다. 이와 같이 하나의 하위법률의 입법을 통해 헌법을 해석하는 것을 보더라도, 기본법 제1조에 '불가침'으로 선언된 인간의 존엄에 대한 침해는 개인, 사회 내의 집단 또는 국가권력의 소유자 등의 **행동**에 의해 인간다운 삶을 위해 필수불가결한 보존조건과 발전조건에 속하는 물질적 및 비물질적 이익이 침해되는 경우에 발생할 수 있을 뿐만 아니라, '물질적 궁핍'이나 '비물질적 곤궁'과 같이 인간다운 삶을 위한 최소한의 조건들이 충족되지 않은 **상태**에 처한 경우에도 발생할 수 있음을 분명하게 알 수 있다. 즉 인간은 자신의 책임 때문에 또는 자신의 책임과는 상관없이 직업상의 불운, 가족적 불행, 육체적 질병, 정신착란 등

---

40 Otto Bachof, in: *Veröffentlichungen der Vereinigung der deutschen Staatsrechtslehrer*, Heft 12, 1954, S. 42.

에 의해 그러한 곤궁상태에 빠지게 되며, 이로 인해 인간의 존엄이 침해될 수 있다.[41]

이렇게 볼 때, 기본법 제1조가 명문으로 부과하고 있는 인간존엄의 보장, 즉 인간의 존엄을 존중하고 보호해야 할 의무에 따라 국가는 인간의 존엄을 침해하는 (국가 이외의 영역에서 발생하는 것까지 포함한) **모든 행동**으로부터 인간의 존엄을 **방어**해야 할 뿐만 아니라, 인간의 존엄을 침해하는 (국가 이외의 영역에서 발생하는 것까지 포함한) **모든 상태**를 **제거**해야 할 헌법적 과제까지도 수행해야 한다.

따라서 단순한 보호기능이 아닌, 국가의 형성기능을 **인간의 인격성**(인간의 원칙적인 자기귀속성과 자기처분성)뿐만 아니라, **인간 사이의 연대성**(인간의 원칙적인 타자지향성과 상호지향성)까지도 함께 관련시켜 파악한다면, 이 '사회형성 의무'도 원칙적으로 인간존엄의 헌법적 보장에 기초하여 해석되어야 한다. 그렇기 때문에 국가의 활동을 통한 적극적 연대성을 표현하는 사회적 배려는 사회적, 국가적 보호와 함께 처분의 객체가 된 '수혜자'로 하여금 자신의 힘으로 다시 일어설 수 있는 가능한 조건들을 마련해 주거나 회복시켜 주는 것을 목표로 한다. 간단히 말하자면 수혜자에게 인격성과 연대성이 보장되는 인간다운 삶이 가능할 수 있는 조건을 회복시켜 줌으로써 그가 '사회적 급부'의 객체로서 연명하는 것이 아니라, 한 주체로서 존립할 수 있도록 해야 한다.

그렇다면 사회국가원칙과 마찬가지로 독일 국가조직의 다른 두

---

41 물질적 빈곤도 "인간의 자기결정에 대한 근본적인" 위협이며, 따라서 인간존엄의 침해라고 해석하는 입장에 관해서는 Zippelius(각주 25), Rn. 17 참고. 물론 물질적 빈곤은 인간의 작위나 부작위에 의한 침해가 아니라, 인간이 어떻게 할 수 없는 상황과 세상사의 법칙에 기인한 결과라는 점은 옳다.

가지 기본원칙, 즉 법치국가원칙과 민주주의원칙도 또한 인간존엄의 헌법적 보장에 기초하여 그 궁극적 의미와 목적을 규정하고 이해해야 하지 않을까? 또한 **인간의 존엄**이 무엇을 의미하고 무엇을 요청하는가를 해석할 때 **국가원칙**에 기초하여 인간의 존엄을 이해하고 규정하려고 시도할 것이 아니라, 오히려 정반대로 **인간존엄**의 **헌법적 보장**을 **법치국가원칙, 사회국가원칙, 민주주의원칙** 등의 세 가지 **헌법원칙**의 성립근거와 목표근거로, 다시 말해 기본전제이자 당연한 결론으로 정당화하려고 시도해야 하지 않을까? 이 점에서 아래의 논의는 인간존엄의 보장을 위한 핵심적 원칙인 법치국가원칙과 관련시켜 그러한 시도를 해보고자 한다.

하지만 이러한 시도를 통해 우리는 **헌법상의 존엄개념**의 내용을 둘러싼 수많은 헌법해석의 결과로 드러난 것 이상의 의미를 과연 어떻게 획득할 수 있을까?[42] 또한 극히 단편적으로만 행해졌을 뿐 지금껏 거의 사용된 적이 없는 이 새로운 방법을 통해 인간의 존엄이라는 테제와 마찬가지로 해석되지 않은 테제인 '법치국가', '사회국가', '민주주의'에 포함된 **헌법상의 국가개념**의 내용과 관련해서 어떠한 새로운 통찰을 얻을 수 있을까? 그리고 법치국가와 민주주의를 실질적인 해석과 구체화가 필요 없는 순수한 형성적 원칙으로 해석하는 일반적인 견해를 감안한다면 국가조직의 최고 헌법원

42　이에 관해서는 특히 베르텐브루흐와 같이 '헌법적 존엄개념'을 순전히 '기본법의 맥락'에서만 해석하려는 입장(Wertenbruch, *Grundgesetz und Menschenwürde. Ein kritischer Beitrag zur Verfassungswirklichkeit*, 1958, S. 35ff.)에 대해 설득력 있는 반론을 제기하고 있는 Zippelius(각주 25), Rn. 7 이하 참고. 물론 치펠리우스와는 반대로 헌법적 존엄개념을 정의할 때 법학적 해석학은 궁극적으로 기본법이 전제하고 있는 인간상을 지향해야 한다는 뒤리히의 지적은 타당하다.

칙을 인간존엄의 헌법적 보장과 관련시켜 구성하고 해석하려는 우리의 시도는 처음부터 실패할 수밖에 없는 것일까?

이러한 절박한 물음에 대해 우리는 다음과 같은 과감한 주장을 제기하고자 한다. 즉 법치국가, 사회국가, 민주주의 등의 헌법원칙을 인간존엄의 헌법적 보장에 기초하여 체계적으로 구성하고 해석할 때만 비로소 **정치적 국가에 대한 법적 개념**의 형식과 내용이 제대로 전개될 수 있다. 우리는 이러한 국가개념을 자유적, 법치국가적, 사회국가적 민주주의라고 부르고자 한다. 이 자유적, 법치국가적, 사회국가적 민주주의는 철두철미 인간과 인간의 존엄을 존재 핵심이자 국가목적으로 삼으며, 따라서 모든 존재규정과 '국가활동의 방향'이 실질적으로 충족되는 헌법체계이다. 이러한 헌법체계에서는 인간의 존엄이라는 원칙규범이 **기본권목록**의 토대이자 **헌법조직**의 토대이며, 헌법체계를 뛰어넘어 **법체계** 전체의 토대가 된다. 따라서 아래에서는 법과 국가에서 인간존엄의 문제가 갖는 이 세 가지 측면에 기초하여 **기본권체계**[43]와 **법체계** 전체[44]에서 인간의 존엄이 차지하는 위상과 의미와는 달리 지금껏 상당히 등한

---

43 특히 인간의 존엄에 대한 헌법적 보장의 위상과 의미를 '실질적으로 가장 중요한 기본권' 또는 '최상위 규범'으로 파악하는 연구에 관해서는 Nipperdey (각주 24), S. 1 이하, 2 참고. 또한 요약적인 내용으로는 Wertenbruch, *Grundgesetz und Menschenwürde*(각주 42), S. 31 이하 참고. 물론 베르텐부르흐의 해석은 기본법 제1조를 순전히 '독일 헌법의 기본명제'로 해석하는 입장으로 귀착된다. 그러나 이러한 헌법해석은 독일 헌법의 근본규범에 단순한 요청으로서의 성격 이상의 어떤 것을 부여하지 않는다.

44 인간존엄의 헌법적 보장이 헌법체계 자체를 뛰어넘어 독일 법체계의 다른 영역에 미치는 작용에 관해서는 예컨대 민법의 영역에 관한 니퍼다이의 연구[Nipperdey(각주 24), S. 35 이하]와 형법의 영역에 관한 하만의 연구 (Andreas Hamann, *Grundgesetz und Strafgesetzgebung*, 1963) 참고.

시되었던 측면, 즉 국가의 헌법조직에서 인간존엄의 헌법적 보장이 차지하는 위상과 의미를 탐구하고자 한다. 다시 말해 자유적, 법치국가적, 사회국가적 민주주의 **헌법체계**에서 인간존엄의 헌법적 보장이 차지하는 위상과 의미를 탐구할 것이다. 하지만 이 책에서는 먼저 새로운 관점에 따라 **법치국가**에서 **인간존엄이 갖는 위상과 의미**에만 국한시켜 이러한 탐구를 위한 첫 번째 시도를 진행하고자 한다.

제2장

자유 법치국가의 기초로서의 인간존엄의 보장

    기본법 제1조에 따라 **국가**를 목적이 아닌 수단, 즉 **인간존엄의 보장자**로 이해한다면, 모든 국가조직과 국가활동은 바로 이 궁극적 의미와 최고의 목적에 비추어 형성되고 수행되어야 한다. 따라서 국가는 인간과의 관계에서 지배자로서가 아니라, 봉사자로서의 임무를 갖는다. 그렇기 때문에 인간에 대한 **국가의 지배**는 어떤 경우에도 **인간에 대한 봉사**라는 점에서 정당성을 찾아야 한다.

    자유 법치국가의 기초인 인간의 존엄을 인간의 자기귀속성과 자기처분성 및 인간 사이의 타자지향성과 상호지향성으로 파악한다면, 인간의 존엄을 보호하고 유지해야 할 국가의 과제는 오로지 **인간이 인간답게 살 수 있는 조건**을 마련하고 유지하는 데 있다고 할 수 있다. 그렇다면 인간존엄의 보장자로서의 국가는 간접적인 기능, 즉 봉사자로서의 기능만을 가질 수 있을 뿐이다. 왜냐하면 인간은 자기 자신만이 직접적으로 자신의 존엄을 획득하고 달성할 수 있기 때문이다.

목적 그 자체로서의 인간과 관련되는 국가의 간접적인 기능은 언제나 두 가지 측면을 갖는다. 첫째는 **보호기능**으로서, 국가는 국가의 영역 및 국가 외적 영역에서 인간의 존엄을 침해하는 모든 **행동** ― 그것이 작위이든 부작위이든 ― 으로부터 인간을 **보호**해야 한다. 둘째는 **형성기능**으로서, 국가는 국가의 영역 및 국가 외적 영역에서 인간이 인간답게 살 수 있는 상태를 **형성**해야 한다.

인간의 존엄을 존중하고 보호하기 위한 법적 상태를 형성해야 하는 법치국가의 과제는 인간의 존엄에 대한 국가의 의무로부터 도출된다. 인간의 존엄에 반하는 삶을 강요하는 모든 법적 **상태를 폐기**하고, 인간다운 삶이 가능한 법적 **상태를 창출**하라는 국가에 대한 요청 역시 이러한 법치국가의 과제에 기초하고 있다. 그러므로 모든 것은 다음과 같은 물음으로 집약된다. 즉 특정한 **행동으로부터 보호**하고 특정한 **상태를 형성**함으로써 인간의 존엄을 보장하기 위한 국가의 두 가지 과제가 헌법상 실제로 존재하고 있는지 그리고 그렇게도 많이 원용되는 인간존엄의 보호가 사실상 무엇을 요청하는지가 바로 그 물음이다. 도대체 누구의 존재가능성 조건이 보호되어야 하는가? 인간의 존재가능성의 조건인가? 그렇다면 인간 각자마다 서로 다른 조건을 요청하는 것인가 아니면 똑같은 조건을 요청하는 것인가? 아니면 때로는 서로 다른 조건을, 때로는 똑같은 조건을 요청하는 것인가?

우리는 어쩔 수 없이 인간에 대한 모든 물음 가운데 최우선의 물음에 해당하는 다음과 같은 물음 앞에 서 있게 된다. 즉 우리가 **인간의 존엄이라는 가치의 주체**라고 부르는 이 인간이란 도대체 무엇인가?

일단은 소극적인 규정처럼 보이긴 하지만 다음과 같은 점에서는 견해가 일치되어 있다. "기본법이 출발점으로 삼고 있는 가치주체로서의 **인간**은 지나간 권위주의 체제에서처럼 집단의 객체로 전락한 인간이 아니며, 또한 이와는 정반대의 극단인 19세기 고전적 자유주의가 의미하는 자율적이며 그 자체 완결적이고 모든 외적 상황을 거부하는 고립된 '개인'도 아니다."[45]

그러나 우리가 **인간의 존엄**이라고 부르는 것이 적극적으로 의미하는 바가 무엇인지를 되물어보면 다음과 같은 대답을 들을 수 있다. 즉 인간의 존엄이란 "**인격성**의 내용을 규정하는 것"[46] 또는 "인간에게 특수한 본질적 의미를 규정하는 것"[47]이라고 한다. 그러나 이러한 '대답'을 통해 우리의 첫 번째 물음은 다시 또 다른 물음으로 옮겨 갈 수밖에 없게 된다. 즉 "인격성의 내용을 규정하는 것" 또는 "인간의 본질적 의미를 규정하는 것"은 도대체 무엇인가? 더욱이 이런 식의 대답은 **인간의 존엄이라는 가치의 주체**를 때로는 **인격성**(Persönlichkeit)이라고 하고, 때로는 그저 단순히 **인간**이라고도 한다. 뒤리히(Dürig)는 단순히 다음과 같이 주장한다. "존엄을 갖고 있다는 것은 곧 **인격성**을 갖고 있다는 뜻이다."[48] 이에 반해 만골트(Mangoldt)는 다음과 같이 말한다. "'존엄'에 관한 이 모든 설명은 '존엄'이라는 개념 자체만큼이나 불확실하다. 그 이유는 이 개념이

---

45 Günter Dürig, Die Menschenauffassung des Grundgesetzes, in: *Juristische Rundschau*, Jahrgang 1952, S. 259. 이에 관해서는 또한 Mangoldt/Klein(각주 5), III 2 a zu Art. 1(S. 149)도 참고.

46 Theodor Maunz, *Das Deutsche Staatsrecht*, 15. Aufl., 1966, S. 101(강조표시는 지은이).

47 Wernicke, *Erstbearbeitung des BK*, Erläuterung II 1 a zu Art. 1(S. 1)[강조표시는 지은이]. 이에 대한 반론으로는 Zippelius, *Zweitbearbeitung des BK*, Art. I, Rn. 10 참고.

48 Dürig(각주 27), S. 261(강조표시는 지은이).

'인간'에게 귀속된다는 데에 있다. 따라서 '존엄'은 오로지 '인간의 존엄'으로 이해될 수 있을 뿐이다."[49] 뒤리히와 만골트의 이러한 상반된 입장은 문제제기의 방향을 달리하는 것에 그치지 않고, 문제제기 자체를 혼란스럽게 만든다. 왜냐하면 이들의 견해에서는 다음과 같은 결정적인 문제가 전혀 고려되고 있지 않기 때문이다. 즉 **인격성으로서의** 인간에게 귀속되는 존엄은 각자마다 **서로 다른** 것이어서 각자는 다른 사람과 같지 않은 인격성을 갖는지 여부 그리고 **인간으로서의** 인간에게 귀속되는 존엄은 모든 사람에게 다 **똑같은** 것이어서 각자는 다른 사람들과 마찬가지로 같은 인간인지 여부가 전혀 고려되지 않고 있다.

한걸음 더 나아가 오늘날까지도 전혀 해결되지 않은 서로 모순된 두 가지 주장에 의해 인간의 문제는 더욱 불확실하게 된다. 즉 한쪽에서는 기본법상 인간의 존엄은 "개인의 법익이 아니라 인류 전체에 귀속되는 **일반적 가치**"[50]라고 주장하는 반면, 다른 한쪽에서는 인간의 존엄은 "개별적 인간의 존엄"이며 **각 개인의 인격적 가치**로 파악되어야 한다고 주장한다.[51]

그러나 설령 **인간의 존엄**은 추상적이 아니라, 구체적으로 **각 개인에게 귀속되는 인격적 가치**로 규정되어야 한다는 점에서 출발할지라도 도대체 **인간의 가치성**이 어디에 근거하고 있기에 그의 존엄에 대한 모든 침해가 반가치성을 띠게 되는지에 대해서는 전혀 알 수 없다. 하지만 우리가 **인간존엄에 대한 헌법적 보장**을 통해 인간의 선,

---

49 이에 관해서는 Mangoldt/Klein(각주 5), S. 149 참고.

50 Fritz Münch, *Die Menschenwürde als Grundforderung unserer Verfassung*, 1952, S. 8(강조표시는 지은이).

51 이에 관해서는 Nipperdey(각주 24), S. 3 참고.

즉 최고의 인권 및 최고의 법익으로 존중 및 보호하고자 하는 이 최고가치는 여타의 모든 가치와 마찬가지로 (단순히 바깥에서 부여되는 것이 아니라) 이 가치가 귀속되는 존재 그 자신에 의해서만 규정될 수 있다. 그것은 바로 인간이라는 존재이다. 그러므로 인간의 존엄도 이를 하나의 **가치**로 규정하고, 하나의 **선**으로 제시하는 존재, 즉 우리가 '인간'이라고 부르는 존재자 자체의 보존조건과 발전조건의 관점에서 파악되어야 한다.

그렇다면 때로는 **인격성**으로, 때로는 그저 **인간**으로 표현되는 이 존재자는 도대체 무엇일까? 우리가 '인격성' 또는 '인간'이 존재 가능하기 위한 본질적 조건, 즉 이 존재의 보존조건과 발전조건이 과연 무엇인가라고 묻는다면, 우리의 물음은 그 출발점부터 잘못된 것은 아닐까? 또한 우리가 **헌법상의 존엄개념**을 규정할 때 단지 인간의 한 측면에만 국한되고 또한 인간의 한 가지 차원만을 인정하려는 이데올로기적인 인간상을 고집하는 실수를 범하고 있는 것은 아닐까? 과연 인간의 개념을 정의할 수 있을까? 인간은 인격성, 인격, 개인 등과 같은 말에 의해서만 설명할 수 있는 것일까? 이러한 개념들은 무엇인가를 밝혀 주기보다는 오히려 은폐하고 있는 것은 아닐까?

어떤 학자들은 토마스 아퀴나스(Thomas von Aquin) 이후의 전통적 **신인동형설**(Imago Dei-Lehre)[52]에 따라 **인간의 인격성**을 자연이나 신으로부터 '고유한 인격가치'[53]를 부여받은 존재로 이해한다. 그리하여

---

52 신인동형설에 관한 요약적인 설명으로는 Zippelius(각주 25), Rn. 2 참고.
53 프로테스탄트 신학의 관점에서 이에 상응하는 입장을 표방하는 Emil Brunner, "Das Menschenbild und die Menschenrechte", in: *Universitas*, 2. Jahrgang, 1947, S. 269 참고.

"이 존재는 존재론적으로 볼 때 **신과 같은 형상**을 하고 있기 때문에 고유한 가치가 귀속되며, 바로 이 점에서 여타의 모든 피조물들과도 구별된다"고 한다. 따라서 이 존재는 "신의 피조물이고 그 영혼은 그와 동일한 형상을 갖는 신이 창조했기 때문에 법적으로도 이를 인간의 존엄으로 보호해야 한다"는 것이다.[54] 다른 한편에서는 임마누엘 칸트(Immanuel Kant) 이후의 근대 **자율사상**(Autonomie-Lehre)[55]에 따라 **인간의 인격성**을 "도덕적 자기결정 능력이 부여된 존재"로 이해하고 "이 이성적 존재의 존엄은 자기입법에 복종함에도 불구하고 동시에 보편입법에 복종한다"는 데 있다고 한다. 이러한 관점에 따르면 인간의 존엄은 자연이 인간에게 부여하거나 혹은 신이 인간에게 심어 준 본질로부터 직접 도출되는 것이 아니라, 자기입법과 자기활동의 '기획(Entwürfe)' — 이성에 의해 자유를 부여받은 존재인 인간은 이러한 능력을 갖고 있다 — 을 통해 스스로를 창조해 나가는 인간의 본질로부터 간접적으로 도출된다. 따라서 이러한 근대적 관점에서는 **인간의 형상을 하고 있다는 점**에서 다른 모든 피조물과 구별되는 인간의 인간학적 고유가치는 바로 도덕적 자기결정에 따른 인격적 자기목적설정, 즉 '자율'에 근거한다. 자율은 "인간, 즉 모든 이성적 존재의 존엄의 근거이다."[56] 그렇기 때문에 법적으로도 우리는 인간을 '목적 그 자체'로 존중하고 보장함으로써 인간의

---

54 '인간의 인격성이 갖는 불가침의 존엄성'에 관해서는 *Enzyklika Materet magistra*, Ausgabe Welty, 5. Aufl. 1964에 분명히 표현되어 있다.

55 자율사상에 관해 자세히는 Zippelius(각주 25), Rn. 4 참고.

56 Kant, *Grundlegung zur Metaphysik der Sitten*, S. 62. 칸트는 인간의 "보편적 성향과 욕구와 관련된 경험적 존재와는 달리, 자기 스스로 정립한 법칙 이외의 어떠한 법칙에도 복종하지 않는 이성적 존재만이 존엄성을 갖는다"고 한다(ebd., S. 60).

존엄을 존중한다. 이러한 견해에 따른다면 인간은 당연히 다른 어느 누구에 의해서도 "단순히 일방적 수단으로 이용되어서는 안 되며, 항상 동시에 목적으로 존중되어야 한다. 왜냐하면 바로 목적 자체에 인간의 존엄(인격성)이 깃들어 있기 때문이다."[57]

이러한 전통적인 실재론과 관념론도 비록 그 전제에 비추어 볼 때 오늘날의 우리로서는 더 이상 답습할 수 없는 유(類)의 형이상학과 유의 윤리학이긴 하지만, 인간의 본질과 존엄의 본질에 관해 적절히 언급하고 있다고 볼 수 있다. 그렇지만 이러한 실재론과 관념론은 인간의 한 가지 측면, 즉 **인간성**(Humanität)이라는 한 가지 차원만을 파악하고 있을 뿐이다. 다시 말해 모든 인간이 그가 인간이기 때문에 자연으로부터 똑같이 부여받고 있는 것 또는 '인간의 얼굴을 지닌' 다른 모든 존재와 똑같이 이성을 부여받고 있는 것만을 파악하고 있을 뿐이다.

결국 이러한 견해에 따른다면 인간의 본질뿐만 아니라, 인간의 존엄까지도 모든 인간에 대해 똑같은 것으로 여겨질 수밖에 없을 것이다. 그러나 과연 이러한 한 가지 측면에서 전체 인간 및 존엄의 내용 전체를 파악할 수 있을까? 비록 한 인간이 인간이라는 점에서는 다른 인간들과 똑같다고 하더라도 그 **인격성**은 서로 다르지 않을까? 아니면 인간이란 극히 복잡한 '존재'이기에 통상의 개념으로는 그가 진정으로 무엇인지를 제대로 파악할 수 없는 것은 아닐까?

---

57 Kant, *Metaphysik der Sitten*, S. 321. 이와 같이 자기 자신뿐만 아니라 "다른 모든 사람을 반드시 인간으로서 존중해야 한다"는 점으로부터 칸트는 "모든 다른 사람이 갖는 **인간의 존엄**을 실천적으로 승인해야 할 의무와 모든 다른 사람에 대한 존중의 필연성"을 도출해 낸다(ebd., S. 321)[강조 표시는 지은이].

우리가 **인간존재**를 추상적인 사유에 의해 극단적으로 관념화된 존재 **그 자체로 파악**하지 않고, 일상 속에서 실제로 살아가면서 다른 인간과 **관계를 맺는** 인간존재의 측면에서 파악한다면 **인간의 전체 모습은 각각의 구체적인 상황에서 인간의 인격성과 연대성을 구성하고 규정하는 다양한 측면과 차원의 연관성**으로 나타난다. 이 경우 존엄성이 달성되기도 하고 실패하기도 하는 이 인간존재는 때로는 다른 인간존재와 같게 때로는 같지 않게 여겨질 수밖에 없다.

인간은 다른 인간과의 관계에서 그를 인간존재 일반으로 규정하는 것,[58] 즉 개개의 인간을 다른 인간과 마찬가지로 (본성이나 이성을 통해) 인간으로 규정하는 측면에서는 모두 똑같다. 그러나 다른 인간과의 일상적 관계 속에서 살아가는 현실의 인간은 그의 존재를 특정한 어느 누구로서 규정하고 있는 것의 측면에서는 때로는 같고 때로는 같지 않기도 하다. 예컨대 자식과의 관계에서 어머니로서 또는 학생과의 관계에서 선생으로서 인간은 서로 같지 않지만, 여러 아이들 가운데 한 아이, 여러 손님들 가운데 한 손님, 여러 구매자들 가운데 한 구매자는 서로 똑같다. 나는 이러한 특정한 어느 누구로서의 인간존재를 '**로서의 존재**(Alssein)'라고 부른다.[59] 따라서 인간은 그의 사회성을 통해 다른 인간들과 평등질서의 관계를 맺

---

58 인격의 본질적 차원이 아닌, 실존적 차원으로서의 인간성, 즉 인간존재 일반의 측면에 관해서는 Maihofer, "Recht und Existenz", S. 177 이하 참고.

59 인격의 실존적 차원으로서의 사회성, 즉 '로서의 존재'의 측면에 관해서는 Maihofer, *Recht und Sein*, 1954, S. 23 이하, 114 이하[한국어판: 「법과 존재(심재우 역)」, 1996, 35면 이하, 160면 이하] 참고. 또한 Maihofer, "Ordnung und Gesellschaft", in: Kühn/Wiedmann(Hrsg.), *Das Problem der Ordnung. VI. Kongreß für Philosophie*, München 1960, S. 315 이하, 특히 321 이하 참고.

고 있을 때는 언제나 서로 같다. 예컨대 여러 환자들 가운데 한 환자로서, 여러 승객들 가운데 한 승객으로서, 여러 수형자들 가운데 한 수형자로서의 지위는 같은 것이다. 이에 반해 인간이 다른 인간과 종속질서의 관계를 맺고 있을 때는 같지 않다. 예를 들어 의사와 환자, 차장과 승객, 교도관과 수형자의 관계는 같지 않다.[60]

하지만 인간이 다른 인간과의 관계에서 서로 같지 않은 것은 그 무엇보다 인간의 **자기존재**(Selbstsein)를 규정하는 것, 즉 한 인간을 다른 모든 인간들로부터 구별하는 인간의 **개별성**이다.[61] 인간의 이러한 개별성은 인간의 보편적 욕구나 능력을 통해서는 결코 표현될 수 없으며, 오로지 극히 개인적인 욕구와 능력을 통해서만 표현될 수 있을 뿐이다.

인간의 인격성, 즉 인간의 자기귀속성과 자기처분성은 이 세 가지 영역 모두와 관련을 맺는다. 인간은 때로는 **인간존재** 일반이라는 **보편적** 차원에 속하는 욕구와 능력에 따라, 때로는 '**로서의 존재**'라는 **상호적** 차원에 속하는 욕구와 능력에 따라, 때로는 자기존재라는 극히 개인적 차원에 속하는 욕구와 능력에 따라 스스로를 선택하고 기획한다. **특정한 어느 누구, 나 자신** 그리고 **인간 일반** 등 **인격성의 모든 차원**에서 나는 나에게 귀속되며 또한 나는 바로 내가 처분한다. 이와 마찬가지로 내가 타인과 **연대성**을 통해 서로 관계를 맺을 때도 나는 때로는 **특정한 어느 누구**(환자에 대한 '의사')로서, 때

---

60 이러한 상호질서와 평등질서의 차원에서의 사회적 인격의 '로서의 존재'에 관해서는 Maihofer, *Vom Sinn menschlicher Ordnung*, S. 47 이하, 특히 67 이하[한국어판 61면 이하, 특히 91면 이하] 참고.

61 인격의 실존적 차원으로서의 개별성, 즉 자기존재의 측면에 관해서는 Maihofer, *Recht und Sein*, S. 95 이하, 특히 98 이하[한국어판 135면 이하, 특히 137면 이하] 참고.

로는 **나 자신**(친구에 대한 '친구')으로서, 때로는 **인간 일반**(인간에 대한 '인간')으로서의 지위를 갖는다.

이처럼 **인간의 존엄은 인간의 인격성과 연대성 전체에서 인간다움이 완성**되는 것을 뜻한다. 그렇기 때문에 **인간존재** 일반의 보존조건과 발전조건이 문제될 때는 인간존엄의 보장은 원칙적으로 서로 같은 것과 관련되며, 이에 반해 **자기존재**의 보존조건과 발전조건이 문제될 때는 원칙적으로 서로 다른 것과 관련된다. 또한 인간의 '**로서의 존재**'가 문제될 때는 인간존엄의 보장은 때로는 서로 같은 것과 때로는 서로 다른 것과 관련을 맺는다.

따라서 인간의 인간다움은 **관념론**의 인간상에서처럼 **인간존재 일반의 인간성**[62]으로만 파악될 수 없고, **실존주의**의 인간상에서처럼 **인간의 개별성**[63]으로만 파악될 수도 없으며, 또한 속류 **유물론**의 인간상에서처럼 **인간의 사회성**[64]으로만 파악될 수도 없다. 인간에 대한 이러한 통찰은 우리가 인간의 존엄을 위한 국가의 보호기능과 형성기능을 규정하고자 하는 경우에도 폭넓은 이론적 및 실천적 결론을 도출해 낼 수 있는 전제가 된다.

국가는 인간을 위해 존재한다. 또한 인간은 단순히 "인간성의 이념이 모든 사람에게 깃들어 있음"으로 인해 갖게 되는 인간 일반으로서의 **인간성**, 즉 **추상적인 유적 존재**(Gattungswesen)에 불과한 것만

---

62 이에 관해서는 Maihofer, *Naturrecht als Existenzrecht*, S. 15 이하[한국어판 10면 이하] 참고.
63 이에 관해서는 Maihofer, *Vom Sinn menschlicher Ordnung*, S. 24 이하 [한국어판 29면 이하] 참고.
64 인간을 '로서의 존재'에만 국한시키는 유물론적 인간학에 관해서는 Maihofer, "Konkrete Existenz", in: *Existenz und Ordnung. Festschrift für Erik Wolf*, 1962, S. 267 이하 참고.

은 아니다.[65] 더욱이 인간은 그가 살아가는 '사회적 관계의 조화'를 통한 **특정한 어느 누구**로서의 **사회성**, 즉 **구체적인 사회적 존재**에 그치는 것도 아니다.[66] 인간은 그가 현실의 일상에서 살아가는 '관계의 총합'으로서의 **그 자신**, 즉 **개별성**을 지닌 **구체적인 개별존재**이기도 하다.[67] 따라서 인간의 존엄을 존중하고 보호해야 하는 국가의 의무도 이러한 인간존재의 모든 측면과 차원에까지 관련되어야 한다. 다시 말해 국가는 인간성, 즉 **인간존재** 일반으로서의 삶이 가능하기 위한 기본적인 조건을 보장해야 할 뿐만 아니라, 사회성, 즉 **'로서의 존재'**의 삶이 가능하기 위한 조건 및 개별성, 즉 **자기존재**로서의 삶이 가능하기 위한 조건까지도 보장해야 한다. 따라서 그 존엄성이 존중되고 보호되어야 마땅한 **총체적 인간** 또는 **완전한 인격성**이란 바로 이러한 인간의 모든 측면과 차원으로 구성되고 결정되는 **개인성**이다.

인간이 갖는 보편적이며 완결적인 개인성은 이러한 여러 가지 관점에서 다양한 방법으로 법을 통해 보장될 수 있다. 즉 법은 자기존재가 **아무런 제약도 받지 않고** 스스로를 발전시키도록 하고, 동시에

---

65 인간의 본질을 오로지 인간의 인간성의 측면에서 규정하는 칸트의 입장이 여기에 해당한다. 예컨대 도덕형이상학을 위한 '분류'(*Metaphysik der Sitten*, S. 45 이하)를 참고.

66 인간의 본질을 전적으로 인간의 사회성의 측면에서 규정하는 마르크스의 입장이 여기에 해당한다. 예컨대 포이어바흐에 대한 마르크스의 여섯 번째 테제(Marx, "Deutsche Ideologie", in: ders., *Frühschriften*. Ausgabe Landshut bei Kröner, 1953, S. 340) 참고.

67 인간의 본질을 오로지 개별성에만 관련시켜 규정하는 사르트르의 입장이 여기에 해당한다. 예컨대 Sartre, *L'existentialisme est un humanisme*, 1946(S. 58): "인간이란 자기가 영위하는 관계의 총체 이외의 아무것도 아니다."

'로서의 존재'가 각각의 규정에 따라 **미리 주어져 있는** 한계 내에서 행동하도록 하며, 또한 인간 사이의 모든 행동과 상황과 관련하여 인간이 인간으로 남을 수 있는 근본조건을 보장한다.[68]

인간은 모든 행동과 모든 상황에서 그의 **사회성**에 따른 구체적인 상황의 특정한 어느 누구(예컨대 의사 또는 환자, 선생 또는 학생, 사는 사람 또는 파는 사람, 남편 또는 아내)로서 인간답게 존재할 수 있고 또한 그렇게 남을 수 있어야 한다. 더 나아가 그 자신으로서의 **개별성** 및 인간 일반으로서의 **인간성** 그 자체도 인간답게 실현될 수 있어야 한다. 따라서 인간의 인간으로서의 존엄에 대한 침해는 인간의 개별적인 욕구와 능력에 따라 자기 자신을 자기에게 귀속시키거나 자기를 처분하는 것을 불가능하게 함으로써 발생할 수도 있고, 남편이나 아내와 같은 **특정한 어느 누구**로서 특수하고 유형적인 방식에 따라 자기 및 타인에게 귀속시키거나 타인을 위해 자기를 처분하는 것 — 물론 이때도 그러한 남편 또는 아내로서의 그들 자신의 존엄은 침해되지 않아야 한다 — 을 불가능하게 함으로써 발생할 수도 있다. 또한 인간의 존엄은 인간 일반으로서 스스로를 실현시키는 것을 불가능하게 함으로써 침해될 수도 있다.

이러한 사실은 곧 다음과 같은 점을 요청한다. 즉 국가가 법을 통해 인간이 갖고 있는 특수하고 전형적인 **불평등성**(다름) — 그것이 '**로서의 존재**'이든 **자기존재**이든 — 을 보장함으로써 인간다운 행동과 인간다운 상황을 가능하게 할 때는 언제나 인간의 서로 다른 측면으로부터 출발해야 한다. 또한 국가가 인간의 **평등성**(같음) — 그

---

68 이에 관해서는 Maihofer, "Recht und Existenz", S. 186 이하 참고. 법과 인간 사이의 관계의 다양성은 바로 이러한 관점이 갖는 다양한 '성격', 즉 개인적, 사회적, 인간적 성격에 근거한다.

것이 '로서의 존재'이든 인간존재이든 — 을 보장하여 인간다운 삶이 가능하기 위한 조건을 정립하고 관철해야 할 때는 언제나 인간의 서로 같은 측면을 고려해야 한다.

법체계는 **인간과 관련하여** 일차적으로 **인간의 불평등성**으로부터 출발한다.[69] 즉 사회세계에서의 인간을 특정한 어느 누구로서 규정하는, 인간의 사회성에 따른 사회적 역할과 상황이 서로 같지 않다는 사실로부터 출발한다. 법체계는 예컨대 아버지나 자식과 같은 역할의 담당자 또는 정당방위나 불행한 사고와 같은 상황에 빠진 사람 등의 관점에서 인간을 고려한다. 이러한 법체계와는 달리 독일의 헌법체계는 인간의 근원적인 평등성에서 도출되는 기초적이고 근본적인 보장을 내용으로 삼고 있다.

비록 **헌법체계**가 **인간과 관련하여** 일차적으로 인간의 평등성, 즉 사회 구성원으로서 그리고 국가의 시민(좁은 의미의 기본권의 주체)으로서, 더 나아가 전체 인류의 구성원(인권의 주체)으로서 인간의 평등성에서 출발하고 있지만, 독일의 헌법체계는 인간의 같지 않은 측면도 묵시적으로 포함하고 있다. 예를 들어 기본법 제2조 제1항은 "자신의 인격을 자유롭게 발현"할 수 있는 각자의 권리를 보장하고 있다.[70] 그러나 제3조 제3항은 "성별, 고향, 출신, 신앙, 종

---

69 이에 관해서는 Ralf Dahrendorf, *Über den Ursprung der Ungleichheit unter den Menschen*, 2. Aufl., 1966, S. 26 이하 참고.

70 바로 이런 의미에서 한스 칼 니퍼다이(Nipperdey, "Freie Entfaltung der Persönlichkeit", in: Bettermann/Nipperdey(Hrsg.), *Die Grundrechte. Handbuch der Theorie und Praxis der Grundrechte*, Vierter Band, 2. Halbband, 1962, S. 773)가 한스 페터스(Hans Peters)에 대해 제기한 다음과 같은 반론은 타당하다. "모든 사람은 자신의 인격을 자유롭게 발현할 권리를 갖는다. 다시 말해 이상적 인격에 관한 객관화된 어떤 표상이 아니라, 바로 자기 자신의 고유한 개인적 인격을 자유롭게 발현할 권

교적 또는 정치적 견해를 이유로" 특혜나 불이익을 받지 않는다고
규정하여 평등취급에 대한 각자의 권리를 보장함으로써 인간의 같
지 않은 측면을 명백히 배제하고 있다. 하지만 이를 반대해석하면
인간의 행동이나 상태에서 불평등한 권리의 승인이나 불평등한 의
무부과를 정당화할 수 있는 근거가 존재할 수 있다는 점이 도출된
다.[71] 따라서 모든 사람의 '법 앞에서의 평등(기본법 제3조 제1항)'은
언제나 비교할 수 있는 것들 사이에서의 평등을 의미한다. 이로부

리를 갖는다." 뒤리히가 인격 개념을 인격의 한 '단면'이나 '핵심'에 국한
시키는 것을 거부하고 기본법 제2조 제1항은 '그저 단순히 '인격'이라고
말하고 있을 뿐이라고 생각해서, "인격은 전체 인격, 즉 모든 생활영역에
서의 인간의 모든 삶으로 이해하는 것이 편견 없는 고찰"이라고 한 것도
실질적으로는 같은 맥락이다(Maunz/Dürig, Art. 2, Abs. I, Rn. 11). '인
격'의 개념에 대한 이러한 법학적 해석은 자발성을 가진 개인을 인간이
갖는 모든 인격적 측면과 차원의 지평에서, 다시 말해 사회성, 개별성, 인
간성의 지평에서 파악하는 철학적 구상과 일치한다.

71 따라서 입법자가 기본법 제3조에 언급된 모든 측면에서는 법적 불이익이
나 특혜를 부여해서는 안 되지만, 여타의 관점에서는 '같은 것은 같게, 다
른 것은 다르게' 취급할 수 있고 또한 그렇게 해야 한다는 사실을 확인할
수 있다. 라이프홀츠(Leibholz, *Die Gleichheit vor dem Gesetz*, 2.
Aufl., 1959, S. 244)가 적절히 지적하고 있듯이 입법자는 "자연적으로 주
어진 사실상의 불평등과 사회생활에서 존재하는 수많은 불평등"을 그것
이 '본질적 성질'의 것인 한, 서로 다른 법적 취급의 출발점과 동기로 삼을
수 있다. 기본법 제3조는 조문 자체에 명문으로 규정된, 일정한 측면에서
의 불평등취급을 금지하는 것에 그치지 않고 여타의 모든 기본권의 측면
에서의 평등을 명령하고 있다. 그렇기 때문에 한스 페터 입센(Hans Peter
Ipsen)이 이러한 평등을 "모든 법률의 수범자에 관한 내용과 규정의 일
치"라고 파악하고, "따라서 불평등한 경우에는 개별 기본권에 부가된 법
률유보나 여타의 제한가능성의 범위를 뛰어넘는 기본권의 박탈과 유보가
있을 수 있다"고 말한 것은 타당하다[H. P. Ipsen, "Gleichheit", in:
Neumann/Nipperdey/Scheuner(Hrsg.), *Die Grundrechte. Handbuch
der Theorie und Praxis der Grundrechte*, Zweiter Band, 1954, S.
142].

터 우리는 같은 것은 같게 취급하라는 요청뿐만 아니라, 같지 않은 것은 같지 않게 취급하라는 요청도 이끌어 낼 수 있다.

그러나 **인간의 개별성**, 즉 '인격성'의 극히 개인적인 소질 및 각 개인의 사회적 또는 직업적 역할이나 상황 그리고 공적 또는 가족적 지위나 상황에 기초한 인간의 **서로 같지 않은 측면**은 인간의 인간다움을 위해 본질적인 것이긴 하지만, 그 내용이 기본권 목록이나 헌법 조직을 통해 **실정화되는** 인간의 보존조건과 발전조건에 포함될 수는 없다. 즉 인간의 개별성에 따른 **불평등성**은 일정한 한계 내에서만(기본법 제2조 제1항) 헌법체계에 의해 **보장**될 뿐, 그 내용이 실정화되지는 않았다. 이와 마찬가지로 **인간의 사회성**에 따른 불평등성 역시 일정한 한계 내에서만(기본법 제3조 제3항) 헌법체계에 의해 용납될 뿐, 실정화되지는 않았다.

독일 헌법이 용납하거나(예컨대 사회적 형태의 불평등성) 보장하는 (예컨대 개인적 발현의 불평등성), **불평등성의 실정화**는 민법이나 형법 또는 공법 등의 법체계에 의해 비로소 이루어진다. 이러한 불평등성의 실정화는 결국은 사적 자치의 보장에까지 도달한다.[72] 따라서 아래의 연구에서는 오로지 다음과 같은 점만을 중요하게 다룰 것이다. 즉 독일 헌법체계의 조직원칙 가운데 사회국가원칙이나 민주주의원칙과 구별되는 법치국가원칙에 따를 때, 이 국가 속에서 시민 또는 인간 일반으로서 살아가는 모든 사람들이 요청할 수 있는, 인간다운 삶을 위한 보존조건과 발전조건이 얼마만큼 실정

---

72 (개별적 인격의) 개인적 발현의 불평등과 (사회적 인격의) 사회적 형성의 불평등의 실존론적 기초에 대한 또 다른 측면에 관해서는 Maihofer, *Recht und Sein*, S. 83 이하, 101 이하[한국어판 115면 이하, 142면 이하] 참고.

화되어 있는가를 구체적으로 밝히고자 한다.

모든 국가가 그렇듯이 법치국가, 사회국가, 민주주의도 근본적으로 인간을 목적으로 삼아야 하기 때문에 **국가성**(Staatlichkeit)**의 측면이나 차원** 역시 인간에 대한 봉사의 관점에서 파악되어야 한다. 또한 이 인간에 대한 봉사 자체의 존재론적, 인간학적 근거도 오로지 **인간의 특정한 측면과 차원**에서만 찾을 수 있다.

우리의 잠정적인 명제는 이것이다. 즉 법치국가, 사회국가, 민주주의의 궁극적 의미와 최고목적은 이러한 수단과 방법을 통해 만들어진 국가 그 자체가 아니라, 인간의 보존조건과 발전조건의 창출이다. 이 인간의 보존조건과 발전조건은 — 우리의 오늘날의 이해에 따르면 — 예속과 착취로부터 벗어나고, 공포와 궁핍으로부터 자유로운 인간다운 삶을 위해 필수불가결한 것이다.

우리가 주장하고자 하는 바는 이것이다. 즉 기본법 제1조에 의해 **국가 전체의 원칙과 목적**을 규정하고 있는 **인간의 존엄**만이 법치국가, 사회국가, 민주주의의 형식적 원칙과 실질적 목적을 진정으로 정당화할 수 있다는 것이다. 이러한 헌법원칙의 궁극적 전제와 최고의 목표는 인간에게 필수불가결한 보존조건과 발전조건을 보장하는 것이다. 즉 **법치국가**를 통해 **개인의 자유와 인간의 안전**을 보장하고, **사회국가**를 통해 **사회적 복지와 인간 상호간의 정의**를 보장하며, **민주주의**를 통해 **인간의 정치적 자기입법과 공동결정**을 보장하는 것이다. 그러나 법치국가와 민주주의의 원칙과 목적을 순전히 형식적으로만 해석하는 오늘날의 지배적인 입장을 감안할 때, 우리는 어떻게 **인간의 존엄이라는 원칙규범**으로부터 **헌법체계**를 실질적으로 해석하는 입장을 견지할 수 있을까? 인간의 존엄에 대한 헌법적 보장은 기본권체계와 법체계 일반의 토대 이상의 것이 아닐까?

인간의 존엄이야말로 헌법체계를 **실질적으로 구성하고 해석**하기 위한 열쇠가 아닐까? 다시 말해 우리가 자유적, 법치국가적, 사회국가적 민주주의라고 부르는 **정치적 국가에 대한 법적 개념**을 밝히는 열쇠가 곧 인간의 존엄이 아닐까? 아래에서는 바로 이러한 물음들을 독일 헌법체계의 법치국가원칙과 관련시켜 구체적으로 다루게 될 것이다.

Ⅰ. 인간존엄의 존중: 최대한의 자유와 평등한 자유의 질서로서의 자유 법치국가

우리의 자유적 헌법조직의 **법치국가원칙**이 형식적으로 이해, 해석되어야 할 것인가 아니면 실질적으로 이해, 해석되어야 할 것인가는 아직까지도 많은 논란의 대상이 되고 있다. 이 문제와 관련해 일부에서는 법치국가원칙을 형식적으로 구성하고 해석하여, 이 원칙과 **인간의 존엄** 사이에는 어떠한 연관성도 있을 수 없다고 주장한다. 이에 반해 다른 견해는 법치국가는 인간의 존엄을 실질적 원칙으로, 다시 말해 인간학적 전제이자 동시에 목표근거로 삼고 있고, 그렇기 때문에 오로지 인간의 존엄에 기초할 때만 법치국가의 형식과 내용이 적절히 구성 및 해석될 수 있다고 주장한다.

얼핏 보면 이러한 법학적 논쟁은 법치국가를 순전히 형식적, 법적으로 정의하려는 입장과 실질적, 정치적으로 정의하려는 입장 사이에서 나타나는 개념상의 차이를 둘러싼 논쟁처럼 보인다. 하지만 자세히 고찰해 보면 이러한 생각은 극히 피상적인 것임이 드러난다. 즉 두 가지 입장의 차이는 곧 관헌적 법치국가와 자유 법치국가 가운데 어느 것을 선택할 것인지에 대한 실질적 결정과 관련된다.

법실증주의는 그 자체 법에 대한 순수 형식적 구성과 해석을 의미할 뿐만 아니라, 지금 여기에 존재하고 또한 효력을 발휘하는 것, 즉 절대적 권위로 정립된 실정법을 옹호하려는 실질적 결정을 의미한다. 따라서 법실증주의는 기존상태를 개선하기 위한 모든 개혁적, 혁명적 변경을 거부한다. 이와 마찬가지로 국가에 대한 순수 형식적 구성과 해석도 부지불식간에 지금 여기에 존재하고 지배적인 것, 즉 절대적 권위로 정립된 실정적인 국가를 옹호하려는 실질적 결정을 의미한다. 왜냐하면 이러한 형식적 입장에 따른다면 인간이 국가를 위해 존재하는 것이 아니라, 국가가 인간을 위해 존재한다는 기본법 제1조의 근본결정은 원칙적으로 평가 절하되기 때문이다. 따라서 이러한 실증주의적 국가관에서는 국가가 인간을 존재핵심으로 삼는 것이 아니라, 국가 자신을 존재핵심으로 삼는다. 이러한 국가관에 따른다면 법치국가의 의미와 목적은 국가 자체가 마찰이나 장애가 없이 기능하도록 보장하는 것이 된다. 따라서 국가가 인간성을 실현하는가 아니면 실현하지 못하는가는 이와 같은 '순수한' 국가관에서는 더 이상 문제가 되지 않는다.

그렇기 때문에 이른바 형식적 개념의 법치국가는 독일 헌법의 근간을 이루고 있고 또한 인간의 존엄을 지향하는 실질적 개념의 **자유 법치국가**와는 정반대되는 이데올로기라고 할 수 있다. 형식적 법치국가는 그 형식적 성격으로 인해 국가활동의 다양한 내용규정에 대해 개방성을 갖고 있는 것처럼 보인다. 그러나 이는 단지 외관에 불과하다. 한 세기에 걸친 형식적 법치국가의 역사가 보여 주고 있듯이 형식적 법치국가는 사실상 국가에 대한 순수 국가주의적 구성과 해석을 옹호하는 편파성을 드러낸다. 따라서 형식적 법치국가는 인간의 목적보다는 국가의 목적을 우선시키며, 또한 국가권력을 장악한 정치세력들이 국가의 다른 모든 '신민'들을 지배하는 것을 우선시킨다. 그러므로 이처럼 외관상 형식적인 구상은 결국 사실의 규범력(normative Kraft des Faktischen)에 입각하여 실질적으로는 **관헌적 법치국가**에서 점차 비자유 법치국가로 흘러가는 경향을 거의 피할 수 없다.

이 점에서 에른스트 포르스트호프(Ernst Forsthoff)가 헌법에 관한 논문 모음집인 「변화하는 법치국가(Rechtsstaat im Wandel)」의 서문에서 쓰고 있는 바와 같은, **법치국가원칙**에 대한 **형식주의적, 실증주의적 견해**의 순진함은 오늘날의 우리로서는 더 이상 수긍할 수가 없다. 그는 이렇게 쓰고 있다.

> "법치국가에 사회적, 윤리적 또는 여타의 실질적 내용 — 예컨대 인간의 존엄(기본법 제1조)과 같은 — 을 부과하려는 모든 노력들과는 반대로 나는 법치국가가 형식적으로, 즉 헌법조직의 특정한 구조적 요소들로부터 이해되어야 한다는 입장을 견지한다. 이러한 구조적 요소들이란 기본권, 권력분립, 법률개념, 법치국가적 헌법집행, 법관의 독립 등으로 이 요소들의 의미 있는 결합에 의해 법치국가가 형성된다."[73]

만일 포르스트호프처럼 법치국가는 "그것이 귀찮고 불편하게 될 때"[74] 그 진가를 발휘한다는 견해를 갖는다면, 법치국가의 진가는

---

73 Ernst Forsthoff, *Rechtsstaat im Wandel. Verfassungsrechtliche Abhandlungen 1950-1964*, 1964, Vorwort, S. 8 이하.

국가의 목적이 시민들에게 불편할 때 이를 관철시키는 데 있는 것이 아니라, 오히려 인간존엄의 보장이 국가권력의 담당자들에게 불편할 때도 이를 관철시키는 데에 있다고 보아야 할 것이다. 따라서 **실질적 법치국가**에서는 법을 수단으로 국가를 통해 인간의 존엄이 보장되도록 배려해야 하는 것이지, 결코 단순한 **형식적 법치국가**에서처럼 법을 수단으로 국가의 목적이 관철되도록 배려하는 것이 아니다. 물론 **국가와 신민의 권력관계**가 **국가와 시민의 법적 관계**로 변경됨으로써 이룩된 성과를 포기하자는 것은 결코 아니다.[75] 이러한 변경을 통해 형식적 법치국가는 이 법적 관계의 한 방향인 **국가-시민**(인간)의 관계만을 법에 종속시키게 되었다. 그러나 실질적 법치국가는 여기에서 한걸음 더 나아가 인간의 존엄을 헌법적으로 보장한 기본법 제1조에서처럼 '모든 국가활동'을 인간존엄의 존중과 보호에 구속시킴으로써, 국가와 시민의 법적 관계의 다른 한 방향인 (시민)**인간-국가**의 관계도 법에 종속시키고자 한다.

이제 우리는 "인간의 존엄을 존중하고 보호하라는 명령을 통해 **실질적 법치국가**가 무엇에 구속되는가?"라는 물음을 제기해야 한다. 이 물음에 대한 우리의 대답은 이것이다. 즉 국가가 '국가권력'

---

74 Ebd., S. 8.

75 형식적 법치국가도 국가와 '신민' 사이의 관계가 아닌, 국가와 '시민' 사이의 관계를 다룬다는 점에서는 실질적 법치국가와 같다. 즉 시민을 신민과 같이 권력에 기초한 복종관계의 대상으로 파악하지는 않는다. 그러나 형식적 법치국가는 시민을 법적으로 규율되고 질서 잡힌 국가활동의 대상으로 파악한다. 그렇기 때문에 오늘날 헤르베르트 크뤼거(Herbert Krüger)처럼 국가의 '신민'이라는 표현을 쓸 수 있는지는 단순한 용어상의 문제에 그치는 것이 아니다. 이에 관해서는 Herbert Krüger, *Allgemeine Staatslehre*, 1964, 특히 §38("신민과 신민의 복종 Der Untertan und sein Gehorsam"), S. 940 이하 참고.

에 의한 모든 활동에서 존중하고 보호해야 할 것은 바로 **모든 사람의 최대한의 개인적 자유와 안전 및 평등한 개인적 자유와 안전**이다.

인간에게 법을 수단으로 국가에 의해 인간다운 삶을 보장해 줄 수 있는 **실질적 법치국가**라는 **구체적 법 유토피아**는 이미 근대 말에 현대의 우리 시대를 미리 내다보면서 '시민사회'와 '세계시민사회'를 구상한 임마누엘 칸트의 천재적인 사고에 의해 너무도 명백하게 '사상적으로 형성'되었다.

자유 법치국가에 대한 칸트의 실질적 구상[76]에서는 **윤리적 자기결정**의 자유를 부여받은 존재인 인간을 핵심과 목적으로 삼는 국가가 모든 국가관계의 형성과 모든 국가활동에서 따라야 할 원칙이 표현되어 있다.

칸트의 견해에 따르면 국가는 오로지 자율, 즉 각자의 자기입법에 의해서만 표출될 수 있는 인간의 윤리적 자기결정을 국가의 권력에 복종하는 인간을 대신해서 행사할 수 없고, 또한 그렇게 해서도 안 된다고 한다.[77] 그렇기 때문에 국가활동은 인간의 보존조건

---

76 시민사회와 세계시민사회에 대한 이러한 구상은 「도덕형이상학」에서는 단지 주변적으로만 다루어지고 있다. 바로 그 때문에 이 구상이 신칸트학파의 법이론과 국가이론에서 간과되었다. 하지만 이 구상은 칸트의 저작 *Zum ewigen Frieden. Ein philosophischer Entwurf*(인용은 Ausgabe Weischedel, Band VI, S. 191 이하)에 이미 전제되어 있고 또한 이 구상의 전제들은 *Idee zu einer allgemeinen Geschichte in weltbürgerlicher Absicht*, S. 31 이하에 구체적인 근거가 제시되어 있다.

77 칸트는 국민뿐만 아니라 국민들로 조직된 국가도 윤리적 자기입법을 할 능력이 없다는 점을 그의 저작 「단순한 이성의 한계 내에서의 종교(*Die Religion innerhalb der Grenzen der bloßen Vernunft*)」에서 다음과 같이 명백하게 말하고 있다. "한 공동체가 윤리적인 공동체가 되려면 국민 스스로가 입법을 하는 것으로 보아서는 안 된다(Ausgabe Weischedel, Band IV, 1956, S. 757)." 따라서 칸트의 이론에서 도덕적 입법은 각 개인

과 발전조건을 보장하는 데 국한되어야 한다고 한다. 이러한 보존
조건과 발전조건이 보장됨으로써 이성을 통해 자유를 부여받은 존
재인 인간은 각자의 개인적이면서도 동시에 ("보편적으로 행동하라!"
라는 정언명령에 대한 내적인 구속을 통해[78]) 언제나 보편적인 윤리적
자기결정을 할 수 있다고 한다.

따라서 칸트의 철학에서 자유는 두 가지 측면에서 인간이 인간
다운 삶을 실현하기 위한 불가결의 조건으로 파악된다.

1. 법치국가를 통한 최대한의 자유와 평등한 자유: 인간다운 삶을 위한 개인의 발전조건

각 개인의 최대한의 자유와 평등한 자유는 개인의 인간다운 삶을 위
한 불가결의 조건으로 파악된다. 칸트는 인간을 자연으로부터 목
적이 결정된 존재가 아니라, 자신의 이성을 통해 스스로 목적을 정
립하는 존재로 파악한다. 다시 말해 인간은 자연으로부터 타고난
목적이나 신이 부여한 목적을 실현함으로써 자신의 '본질'을 발현
시키는 존재가 아니라, **자기입법**의 **기획**을 통해 비로소 자신의 인간
존재를 '형성'하는 존재라고 한다. 이러한 인간관에 따른다면 **자율
주체**로서의 각 개인의 최대한의 자유와 평등한 자유를 보장하는

의 윤리적 자기입법에 의해서만 형성될 수 있다. 물론 도덕성에 관한 이러
한 구상에서도 다음과 같은 경우를 생각해 볼 수 있을 것이다. 즉 윤리적
자기결정 행위가 서로 합치하고 상반되지 않을 때는 언제나 '자명한 윤리'
라는 '윤리적 최소한'에 대한 상호주관적 도덕의 근거를 제시하고 이를 정
당화할 수 있을 것이다.

78 정언명령을 윤리적 자기결정을 통해 "보편적이 되라!" 또는 "보편타당하
게 행동하라!"라는 명령에 대한 복종으로 해석하는 입장에 관해서는
Maihofer, *Vom Sinn menschlicher Ordung*, S. 17 이하 참고.

것은 결국 자기입법의 기획을 통해 비로소 스스로를 창조해 나아가는 존재자의 존재가능성 조건이 된다. 또한 이러한 존재가능성 조건은 인간의 본질 그 자체가 요청하는 것이다.

법과 국가를 통해 모든 인간질서를 인간답게, 즉 인간의 존엄에 부합하는 **자유질서**로 만드는 것은 바로 인간을 동물과 구별하게 만드는 이성이다. 따라서 칸트의 철학에서는 자유가 목적이고 이성은 이를 위한 수단인 것이 아니라, 이성이 목적이고 법과 국가를 통한 자유는 수단이다. 다시 말해 자유의 행사 그 자체가 독자적 가치이거나 자기목적일 수는 없다. 오히려 자유는 인간이 동물적(자연적) 본성을 뛰어넘어 '제2의 본성'을 드러내는 이성의 행사를 위한 수단이며, 계몽의 세계에서 이성적 본성이 발현되기 위한 수단일 뿐이다.

'이성의 사용을 목표로 하는 인간의 자연적 소질'에 대해 이미 칸트는 다음과 같이 말했다. "인간의 이성은 자연적 본능을 훨씬 능가하여 자신의 모든 힘을 사용하는 규칙과 의도를 확장시키는 능력이며, 그 기획은 **한계를 모른다**."[79]

인간의 이성은 미리 주어진 확정된 본질에 구속되는 능력이 아니라, 부여받은 본질을 인간 스스로 비로소 발견하고 기획하는 능력이다. 이성에 대한 이러한 입장에 따른다면 **영원히 타당한 진리인 인간의 기획**을 인간에게 **강제**하는 국가는 **비인간적인 국가**로 여겨질 것이다. 이와 같은 칸트의 견해는 **이성을 인간이 인식과 사고 및 행동과 노동을 통해 스스로를 창조해 가는 원천**으로 파악하는 훗날의 사상인 유물론과 실존주의의 선구가 되고 있다. 이성에 대한 이러한 이

---

79 Kant, *Idee zu einer allgemeinen Geschichte in weltbürgerlicher Absicht*, S. 35(강조표시는 지은이).

해로부터 우리는 다음과 같은 결론을 이끌어 낼 수 있다. 즉 **국가는 법을 통해 모든 인간**에게 자기 자신은 자신에게만 귀속되고 또한 자기 자신은 자신만이 처분하며 자기 스스로 결정하고 스스로 기획할 수 있는 자유를 인정하고 보장해야 한다. 이를 통해 '목적 그 자체', 즉 스스로 목적을 정립하는 존재의 존엄성을 갖고 자기 자신을 표출하고 '실현'할 수 있는 자유를 보장해야 한다.

국가가 법을 통해 합법적인 자유의 질서, 즉 완벽하게 정당한 시민헌법을 확립하게 되면 국가는 — 국가에 대한 칸트의 유명한 개념정의가 말하고 있듯이 — "다수의 인간이 법률 아래 결합한 것"[80]이 된다. 법치국가에 대한 이러한 개념정의는 얼핏 보기에는 내용이 없는 형식적인 개념정의로 보인다. 그러나 칸트가 도덕법칙(즉 외면적이 아닌, 내면적으로 강제하고 작용하는 법칙)이나 자연법칙과 구별하는 **법적 법칙**(= 법률 Rechtsgesetz)의 의미로부터 이를 파악해 보면 국가에 대한 이 개념정의는 곧 **자유 법치국가의 실질적 원칙**에 대한 개념정의이기도 하다는 사실이 분명해진다.

칸트에 따르면 모든 **법**은 "한 사람의 자의가 다른 사람의 자의와 자유의 일반법칙에 따라 서로 양립할 수 있는 조건의 총체"[81]라는 점에서 도덕법칙이나 자연법칙과는 구별된다. 법과 마찬가지로 법치국가도 모든 사람의 자유(즉 '자의')가 (자유의) 일반법칙에 따라 행사될 수 있도록 매개하는 것을 목표로 삼는 국가라고 규정된다. 이성을 통해 자유를 부여받은 존재이자 윤리적 자기결정을 통해 이성을 행사하려면 자유를 필요로 하는 존재인 인간을 위하여 국가는 단순히 개인의 **일방적 자유**가 아니라, 국가에 의해 통합된 '다

80　Kant, *Metaphysik der Sitten*, S. 135.
81　Kant, *Metaphysik der Sitten*, S. 34 이하.

수의 인간'의 **쌍방적 자유**를 보장하는 것을 최고목표로 삼는다.

그러나 국가가 자유를 보장해야 할 의무를 진다고 해서 얼마만 큼의 자유가 법을 통해 인간에게 인정되어야 할 것인가를 국가의 자의에 내맡긴다는 뜻은 결코 아니다. 칸트가 「세계시민적 의도에서 바라본 보편사의 이념」의 다섯 번째 명제에서 단호하게 설명하고 있듯이, 자유를 보장해야 하는 국가의 의무는 어떤 다른 자유의 보장이 아니라, "자유의 한계를 가장 정확하게 규정하고 보장함으로써 한 사람의 자유가 다른 사람의 자유와 양립할 수 있도록 하여, 국가 구성원의 … 최대한의 자유"를 보장하는 것이다.[82]

결국 **자유의 권리**는 "그것이 다른 사람의 자유와 자유의 일반법칙에 따라 서로 양립할 수 있는 한도 내에서 타인의 강제적 자의로부터의 독립성"을 뜻한다. 하지만 칸트 철학에서 유일하고 근본적이며 인간이라는 이유로 모두에게 인정되는 이 자유의 권리는 존재론적, 인간학적 출발점에 비추어 볼 때 근본적인 **평등의 권리**와 함께 고려되고 있다. 이 평등의 권리는 "어느 누구도 상호적으로 구속될 수 있는 것 이상으로 타인에 의하여 구속받지 아니할 독립성"의 권리이다.[83]

이와 같은 인간학적 전제와 목표설정에 따르면 **자유 법치국가의 실질적 원칙**은 — 이미 칸트가 '시민사회'와 '세계시민사회'에 관한 그의 철학적 구상에서 미리 형상화하고 있듯이 — **법을 통해 인간의 최**

---

82 Kant, *Idee zu einer allgemeinen Geschichte in weltbürgerlicher Absicht*, S. 39.

83 Kant, *Metaphysik der Sitten*, S. 43. 특이하게도 칸트는 이 '생래적 평등'으로부터 "자기 자신에 대한 주인(자신의 권리)으로서의 인간의 성질뿐만 아니라, 모든 법적 행동에 앞서 어느 누구에게도 불법을 행하지 않기 때문에 비난을 받지 않는 인간(법적 존재)의 성질"을 동시에 도출해 낸다.

대한의 자유와 평등한 자유를 보장하기 위한 국가질서라고 할 수 있다.

과거의 관헌적 법치국가의 헌법과는 달리 독일 헌법에서는 **자유 법치국가**라는, 정치적 국가에 대한 이러한 법적 개념이 관철되고 있다. 즉 기본법 제1조 제1항은 **인간의 존엄을 헌법적으로 보장**하고 있을 뿐만 아니라, 인간의 존엄을 통해 새로운 내용을 갖게 된 제2조 제1항도 **인격의 자유로운 발현을 헌법적으로 보장**하고 있다. 제2조 제1항의 규정은 칸트의 법 개념정의와 명백히 일치한다. "누구든지 타인의 권리를 침해하지 않고 헌법질서나 도덕률에 반하지 않는 한, 자신의 인격을 자유롭게 발현시킬 권리를 가진다."[84] 또한 기본법 제3조 제1항은 **모든 사람의 법 앞에서의 평등을 헌법적으로 보장**하고 있다.[85]

---

84 독일 기본법 제2조 제1항도 자유를 개별 인간의 자유, 즉 개인의 개별적 자유 그 자체로 생각하지 않고, 인간 상호간의 자유, 즉 자유의 상호작용 속에 존재하는 개인들 사이의 상호적 자유로 파악하고 있다. 피히테 (Fichte)도 칸트의 입장에 따라 '자유로운 존재의 공동체'에서의 공존의 근본상황을 다음과 같이 표현하고 있다. "**인간 그 자체는 절대적으로 자유**로우며, 오로지 자신의 의지에만 의존한다. 그러나 인간은 **쌍방적인 영향**을 받는 가운데 살아가며, 그렇기 때문에 **오로지 자기 자신에만 의존하지 않는다**는 것도 분명한 사실이다. 이 양 측면이 어떻게 서로 양립할 수 있는가 하는 물음에 답하는 것이 바로 법학의 과제이다. 즉 법학의 근본적인 물음은 '자유로운 존재의 공동체가 어떻게 가능한가?'이다("Grundlage des Naturrechts nach Prinzipien der Wissenschaftslehre", *Gesammelte Werke*, Ausgabe J. G. Fichte, Band III, S. 85 이하)."

85 인간을 오로지 인간성으로부터(따라서 과거의 모든 유적 형이상학의 특성인 사회성의 불평등성, 즉 신분과 직업에 따른 불평등성을 배제한 채) 파악하는 칸트의 유의 윤리학(Gattungsethik)에서 인간의 생래적 평등은 "모든 인격 속에 존재하는, 즉 유가 보편적으로 갖고 있는 인간성의 이념"으로부터 도출된다. 하지만 이 인간성의 이념도 칸트에게는 자연이나 신으로부터 부여받은 본질적 성질의 것이 아니라, 실존적 성격의 것이다. 다시 말해 인간성의 이념은 인간이 자기입법 활동을 통해 완성해야만 하

자유 법치국가의 이 세 가지 헌법적 보장은 모두 기본권과 인권의 근본인 인간의 존엄과 관련되어 있다. 따라서 이 세 가지 헌법적 보장이 갖는 근본적인 위상과 의미는 독일의 **기본권체계**(기본권목록)와 **헌법체계**(헌법조직)뿐만 아니라, **법질서 전체**에도 그대로 해당된다. 즉 이 세 가지 헌법적 보장은 인간, 인간의 존엄 및 자유로운 인격발현과 평등취급에 대한 인간의 권리를 모든 국가활동이 갖고 있는 의미의 핵심으로 삼고 있다.

그렇기 때문에 포르스트호프와는 정반대로 법치국가원칙을 실질적으로 인간의 존엄에 기초하고 있고 또한 인간의 존엄을 지향하는 실질적 국가원칙으로 파악한 리하르트 보이믈린(Richard Bäumlin)의 견해는 타당하다. 그는 '법치국가의 반대인 전체주의 국가'를 비판하면서 다음과 같이 말한다.

> "이와는 달리 법치국가의 본질은 국가가 각 개인을 독자적이고 윤리적으로 생활을 형성해 가야 하는 가치 있는 인격으로 인정한다는 데에 있다. 법치국가가 인간에게 인격적 존엄, 즉 윤리적 결정을 할 수 있는 존재로서의 성격을 부여하는 것이 아니다. 오히려 법치국가는 인간의 인격적 존엄을 국가에 앞서 그리고 국가와는 무관하게 존재하는 것으로 존중한다."[86]

이로부터 보이믈린은 다음과 같은 결론을 이끌어 낸다.

는, 고유하면서도 동시에 보편적인 본질이다.

86 Richard Bäumlin, *Die rechtsstaatliche Demokratie. Eine Untersuchung der gegenseitigen Beziehungen von Demokratie und Rechtsstaat*, 1954, S. 56 이하.

"인간의 인격을 존중한다는 것, 즉 윤리적 생활형성에 대한 인간의 요청을 인정한다는 것은 필연적으로 자유의 인정으로 귀착된다. 하지만 이 말은 자유의 범위에 관해서는 아무것도 말해 주지 않는다. **국가의 통제로부터 벗어나는 소극적 자유**는 개인의 자기발현을 위해 필수적인 조건이다. **자유**가 인간의 자기발현을 위해 **봉사하는 기능**을 갖는다는 점으로부터 자유는 법치국가와 관련된 독자적 가치가 아니라는 점이 분명해진다. 그렇기 때문에 우리는 잠정적으로 다음과 같이 말할 수 있다. 즉 **법치국가**는 **인간의 존엄이라는 이념과 결부된 국가**로서 법질서를 통해 인간존엄의 존중을 보장한다."[87]

보이믈린의 경우에도 국가의 후견으로부터 벗어나는 '소극적 자유'가 '개인의 자기발현'을 위한 불가결의 조건으로 파악되고 있다. 또한 국가가 법을 통해 보장하는 인간의 자유는 단지 '봉사적 기능'만을 가진다. 즉 자유는 인간의 존엄에 부합하는 삶을 위해 없어서는 안 될 보존조건과 발전조건으로 파악된다. 그러나 보이믈린의 견해에서는 외적 또는 내적 '국가통제'로부터 벗어나는 '소극적 자유'야말로 **정신적 독립성**을 가능하게 한다는 점을 적절히 평가하지 못하고 있다. 소극적 자유는 "인간이 자기책임으로 인한 미성숙으로부터 벗어나는 것"을 가능하게 한다. 이미 칸트는 인간의 미성숙의 원인이 "오성의 결핍 때문이 아니라, 타인의 인도가 없이도 스스로의 이성을 사용하려는 결단과 용기의 결핍" 때문이라고 보았다.[88]

---

87 Ebd., S. 87(강조표시는 지은이). 물론 그 이하에서 보이믈린 자신은 법치국가를 통한 '인간존엄의 이념'의 실현이 아니라, 사회국가('사회적 법치국가')의 발전질서와 보존질서를 통한 실현을 테마로 삼고 있다.

국가의 후견과 보호로부터의 **인간의 정신적 해방**은 계몽의 시대에 비로소 획득되었다. 이러한 정신적 해방은 무엇보다도 국가와 인간의 관계에 관한 근본적인 변화를 전제한다. 이러한 변화에 따라 계몽주의 국가 — 우리는 계몽주의 국가의 후예이고 또한 그래야 한다 — 는 최초로 인간에 대한 모든 정신적, 윤리적, 도덕적, 종교적 후견을 단념할 의무를 지게 되었다. 칸트가 「계몽이란 무엇인가?'라는 물음에 대한 답변」에서 요청하고 있는 국가의 의무에 관한 서술은 칸트가 살던 **자연과학적 계몽의 시대**를 뛰어넘어 **사회과학적 계몽**이 시작된 현대의 시대(약 19세기 중반 이후의 시대)에도 여전히 타당성을 갖는다. 특히 좌파나 우파의 전체주의 국가에 의해 외적, 내적으로 위협을 받는 현대인의 상황을 감안한다면 더욱더 그렇다. 칸트의 다음과 같은 설명은 마치 현대의 국가에 관한 표현처럼 들린다.

"게으름과 비겁함이 왜 대부분의 인간들은 이미 오래전에 이성을 타인의 통제로부터 벗어나게 했음에도 불구하고 … 여전히 한평생 미성숙의 상태에 머물러 있는지 그리고 왜 사람들이 그렇게도 쉽게 자신을 타인의 후견에 내맡기는지에 대한 대답이다. … 거의 대부분의 사람들(무사안일의 족속들)은 성숙을 향한 길이 어려울 뿐만 아니라 매우 위험스럽다고 여긴다. 왜냐하면 자신들을 기꺼이 감독해주는 후견자들이 모든 것을 배려해 주기 때문이다. 후견자들이 사람들을 마치 가축과 같이 일단 바보로 만들어 놓고 세심하게 보호해 주면, 이 태평스러운 피조물은 자기를 가두어 놓은 안락한 유모차에서 단

---

88 Kant, "Beantwortung der Frage: Was ist Aufklärung?", Ausgabe Weischedel, Band VI, 1964, S. 53.

한 발짝도 벗어나지 않으려고 한다. 그 다음에는 후견자들이 사람들에게 혼자 걷고자 시도하는 것이 얼마나 위험스러운가를 보여 준다. 하지만 이러한 위험은 별로 큰 것이 아니다. 왜냐하면 몇 번을 넘어지고 나면 곧 혼자 걷는 것을 배우게 되기 때문이다. 그러나 대부분의 사람들은 단지 몇 번의 실패로 겁을 먹고 더 이상의 시도를 단념해 버린다."[89]

　　자유 법치국가가 개인 상호 간뿐만 아니라, 사회와 국가에 대해서도 최대한의 그리고 평등한 자유로 보장하는 '소극적 자유'는 각 개인이 타인의 내적, 외적 후견과 보호로부터 벗어나는 자유를 뜻한다. 따라서 우리는 이러한 '소극적 자유'를 **정신적 자기결정에 따른 인간다운 삶**을 위해 필수불가결한 보존조건과 발전조건으로 파악한다.

　　소극적 자유는 또한 **윤리적 자기결정에 따른 인간다운 삶**이 가능하기 위한 필수적인 전제조건이기도 하다. 인간의 윤리적 자기결정은 법치국가에 의해 결코 직접 강제될 수는 없으며, 단지 간접적으로 보장될 뿐이다. 즉 법치국가에서는 윤리적이라고 생각될 수도 있고 또는 비윤리적이라고 여겨질 수도 있는 개인의 자기결정에 대해 그것이 타인의 권리를 침해할 경우에만 한계를 설정한다. 개인의 자기결정이 타인의 권리를 침해하는 한계에 도달할 때는 인격의 자유로운 발현을 존중할 국가의 의무는 자유의 남용으로부터 타인의 자유를 보호해야 할 의무로 전환된다.

89　Kant, ebd., S. 53 이하. 인간의 안락한 미성숙 상태에 대한 칸트의 다음과 같은 설명은 시대를 초월하여 타당하다. "나를 대신하여 오성을 갖고 있는 책이 있고, 나의 양심을 배려해 주는 목사가 있으며, 나에게 처방을 내려 줄 의사가 있다. 내가 스스로 노력해야 할 필요가 없다. 내가 돈만 지불할 수 있다면, 생각을 해야 할 필요조차도 없다."

따라서 **윤리적 자기결정의 자유의 한계를 뛰어넘어** 평등한 자유(및 타인의 권리)를 침해하는 자에 대해 법의 이름으로 행사되는 **강제**는 "**자유에 대한 장애를 저지하는 것**으로서 일반법칙에 따른 자유와 합치하기" 때문에 칸트의 이론에서나 우리의 이론에서나 모두 "부당한 것이 아니라 정당한 것"이다.[90] 이처럼 **사회**에서는 비조직적이고 비공식적으로, 국가에서는 조직적이고 공식적으로 마주치게 되는 또 다른 개인, 즉 타인 전체와의 관계에서 **합법성의 질서**를 통해 보장되는 각 개인의 최대한의 자유와 평등한 자유는 일단은 외적 또는 내적으로 '강제하는 타인의 자의'로부터 벗어나는 **소극적 자유**이다. 그러나 이러한 자유가 곧 개인은 자기에게 보장된 윤리적 자기결정의 한계 내에서는 제멋대로 행동해도 좋다는 것을 의미하지는 않는다. 칸트에 따르면 그러한 것은 타인의 자유를 침해하지 않는 한 **법적**으로는 가능하지만, **도덕적**으로는 불가능하다고 한다. 국가가 개인의 권리로 존중하고 보호해야 하는 윤리적 자기결정의 자유는 이를 통해 열린 자유의 공간을 윤리적 자기결정의 활동을 통해 적극적으로 메우고, 그럼으로써 타인과의 관계를 **도덕성의 질서**로 변경시켜 결국은 — 칸트가 말한 바와 같이 — 사회 자체를 하나의 "도덕적 총체로 변경"시킬 수 있는 조건을 보장하는 것이다. 개인에게 보장된 자유의 공간을 도덕적으로 메우기 위해서는 타인

---

90 따라서 법의 성격을 불법(자유의 장애)에 대항한 강제(이 장애를 저지하는 것)로 파악하는 칸트의 이론은 법의 강제성에 대한 법치국가적 정당화와 관련하여 오늘날까지도 결코 진부하지 않은 설명에 해당한다. 또한 이는 훗날 형벌의 강제성을 '부정의 부정'으로서의 '강제할 법적 권한'으로 정당화한 헤겔의 이론에 앞서는 것이기도 하다. 이에 관해서는 Kant, *Metaphysik der Sitten*, S. 36과 Hegel, *Grundlinien der Philosophie des Rechts oder Naturrecht und Staatswissenschaft im Grundrisse*, Jubiläumsausgabe Glockner, Band 7, 1952, S. 147 이하 참고.

과의 관계에서 자신의 모든 행동을 '**윤리법칙**'에 복종시키는 것을 필요로 한다. 즉 타인의 권리뿐만 아니라, 기본법 제2조 제1항에서도 규정하고 있는 모든 개인의 인격의 자유로운 발현에 대해서도 한계를 설정해야 한다.

이 윤리법칙을 올바로 이해한다면 이는 전통적인 자연법사상이 생각하듯이 자연으로부터 성립되거나 신에 의해 확립된 세계의 본질질서를 따르는 **객관적 윤리법칙**이 결코 아니다.[91] 그것이 만일 객관적 윤리법칙이라면 인간은 윤리적 자기결정을 할 때 자연이나 천상에서 미리 주어진 법칙성에 타율적으로 복종해야 할 것이다. 칸트가 의미하는 윤리법칙은 오히려 **주관적 윤리법칙**이다. 인간은 자기 스스로, 즉 고유한 존재이자 동시에 보편적 존재로서 자기입법과 자기법칙성이라는 자율을 통해 이러한 윤리법칙을 실현해야 할 과제를 부여받았다.

이러한 사실은 칸트의 이론에서는 다음과 같은 점을 의미한다. 즉 인간은 자유로운 윤리적 자기결정을 통해 자신의 행동을 오로지 "일반법칙으로 타당할 수 있는 준칙(하나의 행위규칙)에 따라 행동하라!"라는 **정언명령**의 형식적 법칙성에만 복종하라는 것이 아니다.[92] 이미 칸트는 그의 사상을 순수한 형식윤리에 고정시키는 신칸트학파의 사상과는 반대로 윤리적 자기결정의 자유를 행사할 때

---

91 객관적 윤리법칙에 관한 사고를 비판적으로 보는 입장에 관해서는 무엇보다 Franz Wieacker, "Rechtsprechung und Sittengesetz", in: *Juristenzeitung*, 16. Jahrgang 1961, S. 337 이하, 특히 341 이하 참고. 이에 반해 '자율사상'은 '윤리적 내용의 객관적 타당성'을 전제로 하며, 따라서 자율 그 자체로부터 정당화할 수 없다는 입장을 고수하는 Arthur Kaufmann, *Recht und Sittlichkeit*, 1964, S. 26 이하 참고.

92 Kant, *Metaphysik der Sitten*, S. 28.

이성을 순전히 형식적으로만 사용하는 것으로는 결코 충분하지 않다고 생각했다. 오히려 그는 인간이 윤리적 자기결정에 따른 모든 행동에서 자신의 이성을 실질적으로 사용함으로써 최고의 목표와 궁극적 목적의 실현, 즉 인간 그 자체를 염두에 두어야 한다고 명백히 요구한다.

이제 칸트 윤리학의 숨겨진 측면을 분명하게 드러내야 하겠다. 이러한 측면이 분명히 밝혀지지 않고서는 자유 법치국가에 관한 칸트의 철학적 구상을 제대로 이해할 수 없을 뿐만 아니라, 오늘날 일반적인 언어관용에서 — 심지어 우리의 최고법원에서까지도 — 흔히 쓰이는 "자유 법치국가를 통해 보장되어야 하는 자유롭고 자기책임에 의한 윤리적 자기결정"[93]이라는 표현도 제대로 이해할 수 없기 때문이다.

이에 대해서는 칸트 자신이 「도덕 형이상학」의 제2부인 '도덕이론(Tugendlehre)'에서 분명하게 밝히고 있다. "법이론(Rechtslehre)은 단지 외적 자유의 형식적 조건(자유의 준칙이 일반법칙에 부합할 경우 자기 자신과 합치하게 되는 조건), 즉 법과 관련된 것이었다. 이에 반해 윤리학은 하나의 **실질**(자유의지의 대상), 즉 객관적, 필연적 목적으로서 인간에게 의무로 제기되는 순수이성의 목적을 제시한다."[94] '그 자체 **의무**'가 되는 '목적에 대한 개념'을 칸트는 도덕적(객관적) 정언명령에 대한 그의 구체적 해석에서 전개하고 있다. 이 도덕적 목적론의 결론은 '도덕이론의 최고원칙'인 다음과 같은 **실천명령**이다.

---

93 예컨대 연방법원의 다음과 같은 판결(BGHSt 2, 201) 참고: "인간은 자유로운 윤리적 자기결정을 할 수 있기 때문에 언제나 법공동체의 구성원으로서 적법하게 행동하고 불법을 회피하는 책임 있는 결정을 내려야 한다."

94 Kant, *Metaphysik der Sitten*, S. 219.

"모든 사람이 목적적 존재일 수 있는 일반법칙의 준칙에 따라 행동하라 — 이 원칙에 따른다면 인간은 자기 자신과 타인에 대해서 언제나 목적이다. 또한 인간이 자기 자신이나 타인을 결코 단순한 수단으로 사용할 수 없다는 것만으로는 충분하지 않으며 … 오히려 **인간 전체를 목적으로 삼는 것이 그 자체 인간의 의무이다.**"[95]

모든 사람은 모든 행동에서 "인간을 목적으로 삼아야 한다"는 점으로부터 도출되는 **실질적 윤리**는 개인윤리이자 동시에 사회윤리이다. 이러한 실질적 윤리는 하나의 인간으로서의 **나 자신과 관련해서는** '자기 자신의 완성'을 목적으로 삼을 것을 요구한다. 또한 하나의 인간으로서의 **타인과 관련해서는** '타인의 행복'을 목적으로 삼을 것을 요구한다.[96] 칸트에 따르면 결코 '자기 자신의 행복'을 목적으로 삼을 수는 없다. 왜냐하면 "각자가 불가피하게 스스로 의욕하는 바는 … 결코 **의무개념**에 속하지 않기" 때문이다. 또한 '**타인의 완성**'을 목적으로 삼을 수는 없다. 왜냐하면 "한 인간으로서의 타인의 완성은 타인 자신만이 의무에 관한 자신의 개념에 따라 목적을 정립할 수 있으며, 타인 자신 이외의 어느 누구도 할 수 없는 것을 내가 해야 한다는 요구(즉 나의 의무로 삼는 것)는 모순이기" 때문이다.[97] 실질적 가치윤리에 대한 이와 같은 파토스와 에토스는 국가를 통해 인간의 최대한의 자유와 평등한 자유의 보장에 국한된 자유 법치국가의 표면적 내용 밑에 있는 심층을 형성한다. 즉 자유 법치국가는 '**인격의 자유로운 발현**'이라는 소극적으로 설정된 한계 내에서 자기 자신과 타인에 대해 '인간을 목적으로 삼는' **윤리적 자기결**

---

95 Ebd., S. 237(강조표시는 지은이).

96 Ebd., S. 225.

97 이 점은 Kant, ebd., S. 225 이하에 명백하게 나타나 있다.

정이라는 적극적 자유를 가능하게 만든다. 다시 말해 자유 법치국가는 인간의 최대한의 자유와 평등한 자유를 보장함으로써 **자신의 완전성의 실현과 타인의 행복의 촉진**을 가능하게 한다.

그러므로 **자유 법치국가**에 의해 보장되는 **개인의 최대한의 자유와 평등한 자유**는 그 자체가 목적이 아니라, **목적을 위한 단순한 수단**이다. 이러한 자유의 목적은 바로 **인간의 자유로운 윤리적 자기결정을 통해 인간을 실현하고 완성시키는 것**이다.

2. 법치국가를 통한 최대한의 자유와 평등한 자유: 인간다운 삶을 위한 사회의 발전조건

자유 법치국가에서 자유에 대한 에토스와 파토스는 개인의 관점에서는 **자유를 목적이 아닌 수단**, 즉 윤리적 자기결정에 따른 **인간다운 삶을 위한 보존조건과 발전조건**으로 파악한다. 이 점은 사회의 관점에서도 마찬가지이다.

즉 자유 법치국가는 각 개인의 최대한의 자유와 평등한 자유의 질서를 통해 **개인의 개별적 자유**를 최대한 보장할 뿐만 아니라, **모든 사회구성원의 상호적 자유**도 최대한 보장한다.

그러나 우리가 자유 법치국가라고 부르는, 정치적 국가에 대한 법적 개념이 가지고 있는 이러한 측면은 지금까지의 철학적, 학문적 고찰에서는 단지 주변적으로만 취급되어 왔다. 그렇지만 자유 법치국가의 이러한 측면은 **자유사회와 개방사회**의 원칙에 따르는 국가의 일상적 사회현실을 규정하는 결정적 측면이다.

따라서 자유 법치국가는 이 두 번째 영역, 즉 사회적 측면에서 비로소 고유한 특성과 의미를 갖게 된다. 다시 말해 자유 법치국가는 자유의 합법칙적 질서를 '달성'해야 한다. 이러한 질서를 칸트는 '**시민사회**(bürgerliche Gesellschaft)'라고 불렀다. 또한 오늘날 우리는 **사회의 경제적 토대에서 최대한의 자유와 평등한 자유**를 보장하는 질서, 즉 **자유경쟁 경제** 및 **사회의 정신적 상부구조에서 최대한의 자유와 평등한 자유**를 보장하는 질서를 **다원주의 사회**라고 부른다.

그렇다면 한 사회에 대한 이러한 경제적, 사회적 규정은 법치국가원칙, 즉 사회구성원 모두의 최대한의 자유와 평등한 자유를 보장하는 질서 — 이는 법을 수단으로 하여 자유 법치국가가 정립하고 관철하는 질서이다 — 와는 어떠한 관계가 있는 것일까?

자유 법치국가는 소극적으로 각 개인에게 사회 내에서 최대한의 자유와 평등한 자유를 보장하고, 이를 통해 각 개인에게 자기 자신 (자기 자신의 완성) 및 타인(타인의 행복)과 관련된 모든 행동에서 윤리적 자기결정에 따른 적극적 자유가 가능하도록 만든다. 이와 마찬가지로 자유 법치국가는 사회의 모든 구성원들에게 그들 상호 간의 최대한의 자유와 평등한 자유를 보장함으로써 이른바 **자유의 충돌**로부터 벗어날 수 있게 한다. 칸트는 「세계시민적 의도에서 바라본 보편사의 이념」에서 이러한 자유의 충돌을 '반목(Antagonismus)', 즉 대립과 모순, 갈등과 경쟁이라고 부른다. 그에 따르면 이러한 반목은 '인간들 사이의 … 상호작용' 관계, 즉 인간 사이의 '공존'관계가 형성되는 곳에서는 언제나 존재한다고 한다.[98]

우리가 현실적으로 일상생활에서 볼 수 있는 인간 상호 간의 대립은 이러한 반목, 즉 인간 상호 간의 대립은 칸트가 '인간의 비사

---

98 공존을 모든 '공동체'의 기초가 되는 '상호작용'과 동일시하는 것에 관해서는 Kant, *Kritik der reinen Vernunft*, Ausgabe R. Schmidt(Meiner Verlag), 2. Aufl., 1930, S. 118 이하 참고.

교적 사교성(ungesellige Geselligkeit des Menschen)'이라고 부르는 것[99]에 존재론적, 인간학적 근거를 두고 있다. 인간은 근본적으로 '자기 자신을 **사회화**하려는 성향'을 가지고 있다. "왜냐하면 인간은 사회적 상태에서 자신의 자연적 소질을 더욱 잘 발현시킬 수 있다고 느끼기 때문이다." 이와 동시에 인간은 근본적으로 '자신을 **고립**시키려는 성향'도 가지고 있다. "왜냐하면 인간은 모든 것을 자기 뜻대로 하려는 반사회적 속성을 가지고 있어서 언제나 타인과의 대립을 면치 못하고 또한 타인과 대립하는 성향을 가지고 있다는 것을 스스로도 잘 알고 있기 때문이다."[100]

이처럼 인간은 본질적으로 '**경험적 성격**', 즉 감각적 본성(물리적 존재로서의 인간 homo phaenomenon)과 '이성적 본성', 즉 '예지적 성격(도덕적 존재로서의 인간 homo noumenon)'을 동시에 갖고 있다.[101] 자유 법치국가에서 각 개인의 최대한의 자유를 자유로운 인격발현의 권리로 보장하고, 이를 통해 모든 인간이 평등한 자유를 갖고 타인의 권리의 한계 내에서 윤리적 자기결정에 따른 인간다운 삶을 영위할 수 있도록 할 때는 바로 예지적 성격의 인간을 전제한다. 그러나 인간의 예지적 성격과 구별되는 인간의 경험적 성격에 대한 자세한 **본질규정**을 인간에 관해 우리가 인정할 수도 있고 부정할 수도 있는 명제라고 생각해서는 안 된다. 오히려 이러한 본질

---

99 Kant, *Idee zu einer allgemeinen Geschichte in weltbürgerlicher Absicht*, S. 37.

100 Ebd., S. 37 이하.

101 칸트가 인간의 경험적 성격(물리적 존재로서의 인간)과 예지적 성격(도덕적 존재로서의 인간)의 차이를 기초로 인간의 자유를 파악했다는 점에 관해서는 특히 「도덕 형이상학」의 '서론'과 '분류'(*Metaphysik der Sitten*, S. 23 이하, 29 이하, 45 이하)를 참고.

규정은 인간의 본질에 관한 통찰로서 헌법과 헌법현실에서 자유 법치국가를 표방하는 국가관의 철학적 구상에서뿐만 아니라, 정치 현실에서도 전제해야 할 인간상이다.

그러므로 단순한 관념적 허상이 아닌 경험적 사실로 전제되어 있는 이러한 인간상은 자유 법치국가를 관헌적 법치국가 및 여타의 모든 형태의 비자유 법치국가와 뚜렷이 구별하게 만드는 결정적인 근거이다. 또한 복지국가적인 비자유 사회국가나 인민국가적인 비자유 민주주의와는 구별되는 자유 사회국가와 자유 민주주의의 실질적 원칙들 사이의 차이점 역시 이러한 인간상에 근거한다.

인간의 근원적인 사교성과 **비사교성**은 단순히 인간의 '자기중심성'이나 노골적인 이기주의의 표현에 불과한 것이 아니다.[102] 다시 말해 좋은 성격을 가진 인간에서는 순수한 이타주의가 가능하다는 이유로 인간의 나쁜 성격을 교육이나 훈련을 통해 언젠가는 극복해야 한다는 식으로 생각해서는 안 된다. 오히려 이와는 정반대로 인간의 비사교적 사교성은 인간존재에 깊이 뿌리박고 있는 '속성'이고, 바로 이 속성이 인간을 말 그대로 인간으로 '만드는' 것이다.

칸트가 그의 저작 「단순한 이성의 한계 내에서의 종교」의 근간으로 삼고 있는 철학적 인간학에서 인간의 비사교적 사교성을 인간의 본성에 근원적으로 내재하는 선(善)에 대한 소질로 생각한 것은 결코 우연이 아니다. 칸트는 인간의 본성에는 **'자연적 자기애'**, 즉 자기보존의 본능, '성적 본능'을 통한 종족보존의 본능, '사회적

---

102 신학적 인간학의 관점에서 인간의 '자기관련성'과 '세계개방성'의 양극단으로부터 인격의 근본적 차이를 해석하는 것에 관해서는 Wolfhart Pannenberg, *Was ist der Mensch? Die Anthropologie der Gegenwart im Lichte der Theologie*, 1962, S. 40 이하와 Maihofer, *Naturrecht als Existenzrecht*, S. 31[한국어판 38면 이하] 이하 참고.

본능'을 통한 '타인과의 공동생활의 본능' 등 세 가지 본능에 따른 '인간이 갖는 **동물성**의 소질' — 이를 위해서는 "이성이 필요하지 않다"[103] — 뿐만 아니라, 이른바 '비교하는 자기애'도 있다고 한다. 바로 이 **비교하는 자기애**에 '인간이 갖는 인간성의 소질'이 근거하고 있으며 이를 위해서는 "이성이 필요하다"고 한다. 칸트는 이 비교하는 자기애를 동물과는 근본적으로 구별되는 인간 고유의 소질로 파악한다. 즉 인간은 "타인과의 비교에 의해서만 자기가 행복한지 또는 불행한지를 판단할 수 있다"고 한다.[104]

타인과의 **비교**는 다른 사람들과 관계를 맺는 인간을 규정한다. 또한 이 비교는 지속적으로 이루어진다. 바로 타인과의 지속적인 비교로부터 이른바 **차이에 대한 관심**(Sorge um den Unterschied)이 발생한다. 즉 **다른 사람에 비해 자신이 열등한 경우**에는 가능한 한 다른 사람과 같아지기 위해 열등성을 만회하려는 **열망**이 생긴다. 더 나아가 **다른 사람보다 더 우월**해지기 위해 필요하다면 다른 사람을 억압해서라도 다른 사람에게 뒤지지 않으려는 **욕망**이 생긴다. 인간 사이의 모든 대립과 투쟁은 바로 인간의 차이에 대한 관심에 기인한 것이다. 칸트가 말하는 차이에 대한 관심은 '일상성의 세계'에 관한 마르틴 하이데거(Martin Heidegger)의 철학에서는 '간격성에 대한 관심(Sorge um die Abständigkeit)'[105]이라고 표현되고 있다. 노

---

103 Kant, *Die Religion innerhalb der Grenzen der bloßen Vernunft*, S. 673(강조표시는 지은이).

104 Ebd., S. 673 이하.

105 마르틴 하이데거가 '**간격성**의 특성'이라고 표현한(*Sein und Zeit*, 5. Aufl., 1941, S. 126 이하) 일반인(Man)의 일상적 삶이라는 실존 범주가 의미하는 것 역시 바로 이 점이다. 즉 일반인은 "이러한 간격성에 대한 관심 때문에 스스로를 불안하게 만들어" 타인에 의해 그리고 타인을 향해 자신의 존재를 복종, 평균성, 일반성으로 함몰시키며, 따라서 자신의 고

동과 직업, 스포츠나 놀이에서 자신의 현재 상태를 뛰어넘거나 타인을 능가하려고 노력하는 것은 바로 이 차이에 대한 관심에 기인한 것이다.

비교하는 자기애에 의해 인간 사이에 발생하는 대립과 경쟁(이는 개인과 개인 또는 사회와 사회 더 나아가서는 국가와 국가 사이에서도 발생한다), 즉 **비사교성**은 인간을 움직이는 **동인**(動因)이다. 하지만 이 비사교성이라는 동인은 그 자체 **인간을 발전시킬 수도 있지만, 인간을 파괴할 수도 있는 요소**를 함께 지니고 있다. 그 때문에 이미 칸트는 '비사교성'과 '부조화', '시기와 경쟁을 일삼는 자만심'과 '결코 만족하지 않는 소유욕과 지배욕'을 뿌리 채 없애서는 안 되며 ─ 이는 과거의 전체주의 국가에서 끔찍할 정도로 '성공'했다 ─ 단지 '합법적 자유의 질서'를 통해 최대한으로 발휘될 수 있게 해야 한다고 생각했다. "인류가 이룩해 낸 모든 문화와 예술, 아름답기 그지없는 사회질서는 우리로 하여금 자기 자신을 발전시키고 또한 계몽을 통해 자연적 소질을 완전히 펼칠 수 있게 해 주는 이 비사교성의 산물이다."[106] 그 때문에 칸트는 "신이 비사교성의 본성을 부여해 준 것에 감사한다"고 선언한다. "그러한 본성이 없다면, 인간이 가진 모든 훌륭한 자연적 소질은 개발되지 않은 채 영원히 잠자고 있을 것이다."[107]

유한 '로서의 존재'와 고유한 자기존재를 그르치게 된다. 현존재의 존재구조를 일상성에 의해 '일반인으로 타락한 존재'로 파악하는 하이데거의 실존 존재론적 분석도 인간학적으로 볼 때는 칸트가 말하는 비교하는 자기애에 실존론적 근거를 두고 있다.

106 Kant, *Idee zu einer allgemeinen Geschichte in weltbürgerlicher Absicht*, S. 40.

107 Ebd., S. 38.

자유 법치국가의 국가구조는 '합법적 자유'의 질서를 통해 이러한 자유의 충돌을 해소하는 것을 목표로 하며, 이를 통해 인간의 자유가 '자연적 자유'로 전락하거나 인간을 파괴하지 않도록 한다. 따라서 칸트는 '보편적으로 법이 지배하는 시민사회'의 달성은 단순히 인간들 사이에 있을 수 있는 하나의 문제가 아니라 "인류 최대의 문제이며, 이 문제의 해결은 바로 자연이 강제하고 있다"고 한다.[108] 우리는 이 문제를 자유 법치국가, 즉 법을 수단으로 삼는 국가를 통해 사회질서를 보장함으로써 해결하고자 한다. "이러한 사회질서는 자유가 외적 법률의 지배하에 저항할 수 없는 국가권력에 의하여 최대한으로 보장되는 완벽하게 정당한 시민헌법"을 뜻하는 것이며, 이러한 헌법을 마련하는 것이 "자연이 우리에게 부과한 인류 최대의 과제"이다. 하지만 이러한 사회질서를 보장하는 것은 자유 그 자체가 가치 있는 목적이기 때문이 아니라, 목적을 위한 수단, 즉 인간의 모든 자연적 소질과 정신력이 발현되는 데 필수불가결한 보존조건과 발전조건이기 때문이다.

어느 누구와도 비교할 수 없을 정도로 날카로운 통찰력과 혜안을 가지고 칸트는 법을 수단으로 삼아 국가를 통해 보장되는 자유롭고 개방된 사회질서의 원칙을 다음과 같이 표현하고 있다. "최대한의 자유, 즉 구성원들의 철저한 반목을 보장하면서도 이러한 자유를 가장 정확하게 규정하고 그 한계를 확실히 함으로써 한 사람의 자유와 다른 사람의 자유가 양립할 수 있게 하는 사회에서만 … 자연의 최고의 의도, 즉 인간의 모든 소질의 개발이 달성될 수 있다."[109]

---

108 Ebd., S. 38.

109 칸트는 「세계시민적 의도에서 바라본 보편사의 이념」 '다섯 번째 명제'에서 이 점을 분명히 밝히고 있다(Kant, ebd., S. 39 - 강조표시는 지은이).

오늘날 우리가 자유 법치국가라고 부르는 국가에 대한 칸트의 철학적 구상은 일종의 신조(Glaubensartikel)로 이미 묵시적으로 헌법상의 법치국가원칙뿐만 아니라, **자유 민주주의**를 표방하는 모든 정치적 국가에 대한 법적 개념의 바탕이 되기도 한다. 이러한 국가형태의 가치와 생명력에 대한 믿음의 기초는 권위적 색채의 전체주의 국가에서와는 달리 바로 다음과 같은 사실이다. 즉 자유 법치국가를 통해서만 사회적 토대나 상부구조에서 **창조적 자유**, 즉 대립과 경쟁을 통한 쌍방적이고 전면적인 자유의 활동이 전개될 수 있으며, 이러한 자유가 없다면 **한 사회나 인류 전체의 점진적인 변화와 개선을 위한 지속적 진보과정**이 보장될 수 없다는 사실이다.

자유 법치국가는 **사회의 경제적 토대**의 측면에서 이른바 **자유경쟁 경제**를 통해 개인의 **물질적 이해관계의 충돌**로부터 벗어나게 한다. 다시 말해 자유경쟁 경제는 '합법적 자유'의 질서를 보장하여 물질적 이해관계가 최대한으로 작용할 수 있게 하면서도, 그것이 '자연적 자유'로 전락하거나 스스로를 파괴하지 않도록 한다. 또한 자유 법치국가는 **경쟁**을 통해 생산방법과 생산기술을 지속적으로 향상시킴으로써 우리 **문명**의 경제적 발전이 최대한으로 유지될 수 있도록 보장한다.[110]

더 나아가 최대한의 자유와 평등한 자유를 보장하는 질서인 자유 법치국가는 **사회의 정신적 상부구조**의 측면에서도 이른바 **다원주의 사회**를 통해 개인의 **비물질적 관심의 충돌**로부터 벗어나게 한다. 이 다원주의 사회도 '합법적 자유'의 질서를 보장하여 비물질적 관

---

110 최대한의 자유 그리고 평등한 자유를 보장하는 사회의 경제적 토대를 변증법적 유물론의 원칙의 관점에서 해석하는 입장에 관해서는 Maihofer, *Demokratie und Sozialismus*, S. 55 이하 참고.

심이 최대한으로 작용할 수 있게 하면서도, 그것이 '자연적 자유'로 전락하거나 스스로를 파괴하지 않도록 한다. 또한 자유 법치국가는 사회의 상부구조의 측면에서 세계관이나 과학적 경험 및 발견의 경쟁을 통해 기존상태를 능가하게 함으로써 우리 **문화**의 정신적 발전이 최대한으로 유지될 수 있게 한다.[111]

따라서 자유 법치국가는 **사회의 존재와 의식에서 발생하는 자유의 충돌과 반목**으로부터 벗어나기 위한 불가결의 전제조건이라고 할 수 있다. 물론 그러한 자유의 충돌이 없다면 사회의 물질적 하부구조와 정신적 상부구조가 기존상태에서 탈피하여 더욱 개선되고 더욱 완벽한 상태로 발전하는 것을 보장할 수 없을 것이다.

그 때문에 칸트는 개별자로서의 인간은 **윤리적 자기결정**에 따라 자기 자신이나 타인과의 관계에서 인간을 목적으로 삼을 때만 존엄성을 획득한다고 한다. 즉 **자기 자신의 완성과 타인의 행복**을 단순히 '유지'하는 것이 아니라 '**촉진**'시켜야만 인간의 존엄성이 획득된다고 한다.[112] 이와 마찬가지로 **사회구성원으로서의 인간**은 그가 **인간의 진보과정**에 참여하고, 이를 통해 인류 전체가 더 나은 완성과 행복을 향해 진보할 수 있을 때만 존엄성을 획득할 수 있다.

따라서 **인간의 존엄**은 타고난 '동물적 본성'에 속하는 측면에 있

---

111 최대한의 자유 그리고 평등한 자유를 보장하는 사회의 경제적 토대를 변증법적 관념론의 원칙의 관점에서 해석하는 입장에 관해서는 Maihofer, ebd., S. 64 참고.

112 이러한 관점에서 볼 때, 타인의 가장 고유한 존재가능성에 대한 고려로서의 '배려(Fürsorge)' — 이는 '타인 자신을 위해 그 타인의 자유에 맡겨져' 있어야 한다 — 에 관한 하이데거 철학의 이론은 칸트가 자율원칙으로부터 도출해내는, 타인에 대한 가능한 고려와 배려의 한계를 뛰어넘는 것이다. 이에 관해서는 Heidegger, *Sein und Zeit*, S. 122 참고. 이에 대립되는 관점으로는 Kant, *Metaphysik der Sitten*, S. 225 이하 참고.

는 것이 아니라, 인간이 자신의 고유한 이성을 사용하여 '태어날 때'의 '엄청난 미숙함'에서 벗어나 "대단히 능숙한 상태, 즉 사고방법의 내적 **완전성**과 (현세에서 가능한 만큼의) **행복**을 향해 노력하는" 측면에 있는 것이다.[113] 칸트는 인간이 자신의 존엄성에 관해 갖고 있는 인식을 '이성적 자기존중'이라 부르고, 우리의 존재는 바로 이 이성적 자기존중에 "힘입고 있다"고 말한다. 그리고 모든 '이성적 자기존중'은 **인간의 최고의 활동**, 즉 개인 및 사회의 이성을 사용함으로써 "인간을 목적으로 삼아" 개인과 인류 전체의 완성과 행복을 이룩하는 인간 활동에 근거하고 있다고 한다.

그러므로 개인과 인류 전체의 삶에서는 단순히 인간의 **현재상태를 유지**하고 보존하는 것이 아니라, 이를 발전시키는 것, 즉 인간이 **아직 이루지 못한 것을 이룰 수 있도록 촉진**하는 것이 중요하다. 그 때문에 칸트는 '목적 그 자체'로서의 인간에 관해 다음과 같이 말한다. "인간에게는 더 높은 완전성을 추구하는 소질이 있다. 이러한 소질은 하나의 주체인 우리의 인간성의 관점에서 볼 때 자연의 목적에 속한다. 이러한 소질을 소홀히 다루는 것은 목적 그 자체로서의 인간의 보존에는 도움이 될지 모르지만, 이 목적의 **촉진**에는 아무런 도움도 되지 않는다."[114] "어느 누구도 타인의 행복을 위해 기여하지 않을지라도 타인의 행복을 고의로 빼앗지만 않는다면 인간은 존속할 수 있다. 그러나 모든 사람이 최대한 타인의 목적 달성을 촉진하지 않는다면 이는 **목적 그 자체로서의 인간성**에 단지 소극

---

113 Kant, *Idee zu einer allgemeinen Geschichte in weltbürgerlicher Absicht*, S. 36(강조표시는 지은이).
114 Kant, *Grundlegung zur Metaphysik der Sitten*, S. 55에서 이렇게 분명하게 쓰고 있다.

적으로만 합치할 뿐, 적극적으로 합치하지 않는다. 왜냐하면 목적 그 자체인 주체의 목적이라는 생각이 나에게 온전히 작용해야 한다면, 목적 그 자체로서의 주체의 목적이 곧 **나의** 목적이 되어야 하기 때문이다."[115] 이러한 **인간활동**, 즉 인간이 자기 자신이나 타인에 대해 인간을 '최대한' 목적으로 삼는 것은 — 칸트에 따르면 — 개인 상호간의 관계에서뿐만 아니라, 사회의 모든 구성원 상호간에서도 요청된다고 한다. 물론 우리가 이미 보았듯이 이러한 활동은 타인의 완성(칸트에 따르면 자기 자신을 규정하고 처분할 수 있는 '타인' 자신만이 그의 완성을 위한 활동을 할 수 있다고 한다)의 관점에서가 아니라, 타인의 행복의 관점에서만 요청된다.

오늘날 우리 **자유 법치국가**의 정치적 구상에서 하나의 철학적 이념으로 전제되어 있는 이러한 최대한의 자유와 평등한 자유의 질서는 **생산적 유토피아**라는 엄밀한 의미에서 하나의 **구체적 유토피아**이다. 즉 이러한 질서는 개인의 인간다운 삶뿐만 아니라, 사회의 인간다운 삶까지도 법을 수단으로 국가를 통해 정립되고 관철될 수 있게 하는 **발전질서**이다. 이 점을 최초로 주목한 에른스트 블로흐(Ernst Bloch)의 지적처럼 자유 법치국가의 질서는 **법 유토피아**('자연법 유토피아')로서의 정치적 구상이다. 이와 같은 법 유토피아는 이미 **확정된 인간의 존엄**뿐만 아니라, **미래에 개방된 인간의 존엄**까지도 목적으로 삼는다.[116]

---

115 Kant, ebd., S. 55 이하.
116 '자연법의 정의와 계급 없는 사회'로서의 시민적 계몽의 (자연)법 유토피아를 철학적 유물론의 법사상과 국가사상에 다시 끌어들인 예는 Ernst Bloch, *Naturrecht und menschliche Würde*, 특히 S. 81 이하에 잘 나타나 있다. 블로흐의 이론에서 법 유토피아와 사회 유토피아가 갖는 양극성에 관해서는 Maihofer, *Demokratie und Sozialismus*, S. 59 이하 참고.

자유 법치국가는 분명 인간이 인간다운 삶을 향한 '정의의 길'로 발전하기 위한 조건이다. 역사적으로 볼 때 인간이 **정신적 독자성과 윤리적 자기결정**을 위해 떨쳐 일어난 것은 계몽주의에 의해 사상적으로 준비되었고, 프랑스혁명을 통해 구체적 사실로 전환되었다. 그럼에도 불구하고 자유 법치국가는 단순히 **발전질서**에 불과한 것만은 아니다. 즉 자유 법치국가는 인간존엄의 필수적 전제조건인 개인의 정신적 독자성과 윤리적 자기결정이 위협받고 침해당하는 경우 — 그것이 개인에 의한 것이든, 사회나 국가에 의한 것이든 — 에 이에 대항하여 인간다운 삶이 보존될 수 있게 만드는 질서이기도 하다.

따라서 국가 외적 영역이나 국가적 영역에서 이루어진 어떤 행동에 의해 인간존엄의 존중요청이 침해될 경우에는 언제나 자유 법치국가가 (소극적) 형성기능에서 탈피하여 (소극적) 보호기능을 행사하게 된다. 즉 이 경우 자유 법치국가는 정신적 독자성과 윤리적 자기결정에 따른 인간다운 삶이 개별적으로 형성될 수 있도록 개인 및 사회의 창조적 자유를 최대한 보장하는 형성기능에 국한되지 않고, 보호기능도 담당하게 된다. 기본법 제1조 제1항 2문은 **인간존엄의 존중**뿐만 아니라 **인간존엄의 보호** 역시 '**모든 국가권력의 의무**'로 명시적으로 규정하고 있다. **최대한의 자유**와 **평등한 자유**의 질서인 자유 법치국가가 각 개인이 정신적 독자성과 윤리적 자기결정에 따라 삶을 형성하도록 보장하는 것은 곧 인간의 존엄을 존중해야 할 국가의 의무로부터 도출되는 필연적 결론이다. 이와 마찬가지로 **최대한의 안전과 평등한 안전**의 소극적 보장 역시 기본법 제1조 제1항이 모든 국가권력에 부과하고 있는 **인간존엄의 보호의무**로부터 도출되는 필연적 결론이다.

II. 인간존엄의 보호: 최대한의 안전과 평등한 안전의 질서로서의 자유 법치국가

자유 법치국가에 의해 보장되는 개인의 윤리적 자기결정의 자유는 이성을 통해 스스로를 목적으로 정립하는 자율주체의 자발성에 따라 개별성이 완전히 실현되도록 하기 위한 것이다. 그러나 이러한 자기결정의 자유는 개인이 타인, 즉 다른 개인이나 사회 또는 국가나 인류 전체와 관련하여 도덕적 행동을 할 수 없게 되거나 하지 않으려고 할 때는 한계에 봉착하게 된다. 독일 헌법에 따르면 개인이 자신에게 허용된 자유를 남용하여 타인의 자유를 침해하고 '타인의 권리'를 파괴하거나 '헌법질서나 도덕률을 위반(기본법 제2조 제1항)'할 때는 자유보장은 내재적 한계에 부딪힌다.[117]

자유보장의 **내용**은 자유의 존재론적, 인간학적 전제조건을 통해 정해진다. 자유는 인간이 정신적 독자성과 윤리적 자기결정에 따라 인간다운 삶을 **발전**시키기 위한 가능조건이다. 따라서 자유보장의 **한계**도 인간이 인간다운 삶을 **보존**할 수 있기 위한 가능조건에 비추어 정당화되어야 한다.

그러나 모든 개인이 (개별성, 사회성, 인간성이라는 인격성의 모든 측면과 차원에서) 완전한 자발성을 가지고 '인격을 발현'시킬 **자유가 부여**된다고 할 때의 존재론적, 인간학적 전제들을 어떻게 이와는 전

---

117 인격의 자유로운 발현의 헌법적 보장에 관한 오늘날의 일반적 해석에 따르면 '타인의 권리'는 주관적 권리, 즉 '특별한 의미'의 사권과 공권을 뜻할 뿐, 결코 '민족의 건전성, 노동력, 안전과 질서'와 같은 공적 이익이나 '삶을 보장하는 공공의 법익'이 아니다. 따라서 '타인의 권리'는 '공동선'이나 '국가이성'을 뜻하지 않는다. 이에 관해서는 무엇보다 Mangoldt/Klein, *Das Bonner Grundgesetz*, Bd. 1, 2. Aufl., 1957, VI 1 a zu Art. 2 참고.

혀 다른 문제인 **자유보장의 한계**에도 그대로 원용할 수 있을까? 즉 우리가 소극적이고 묵시적으로 "우리의 경험상 인간의 자유는 미리 주어져 있다"고 전제할 수 있다고 할지라도 도대체 어떻게 적극적이고 명시적으로 자유의 내용과 한계를 규정할 수 있을까?[118]

우리는 법을 수단으로 삼아 국가를 통해 인간에게 **개인의 자발성**의 영역을 '보장'할 수 있다. 이는 우리의 기본권체계[119]와 헌법체계[120] 그리고 우리의 법질서 전체[121]에서 개인이 자신의 삶을 자유

---

118 이 점은 또한 형법에서 자신의 행위에 대한 행위자의 책임을 개별책임과 행위책임이라는 의미에서 적극적이고 명시적으로 확인할 수 없는 이유이기도 하다. 즉 특수한 행위사정과 같은 상황의 비정상성과 행위자의 특수한 소질이나 능력과 같은 인격의 비정상성이 확인될 수 없다면, 행위자의 책임은 정상적인 경우에는 소극적이고 묵시적으로 전제할 수밖에 없다. 따라서 행위자의 정상성에 관해 상황이나 소질에 기인한 의문이 있을 때는 책임을 적극적이고 명시적으로 확인하기 위해 소질책임이나 사회적 책임을 확인하는 데 한정해야 한다. 이에 관해서는 Maihofer, "Menschenbild und Strafrechtsreform", in: *Gesellschaftliche Wirklichkeit im 20. Jahrhundert und Strafrechtsreform*, Universitätstage 1964, Veröffentlichung der Freien Universität Berlin, 1964, S. 5 이하, 특히 14 이하 참고.

119 이렇게 볼 때 인격의 자유로운 발현의 보장은 동시에 보편적 인간으로서의 인간성과 인간 상호 간의 관계 속에서의 사회성 그리고 극히 개인적 측면에서의 개별성을 가진 인간의 자유로운 발현을 보장하는 것이다. 인간은 이 모든 관점과 방향에서 자발성, 즉 이 모든 측면과 차원을 포괄하는 개인성을 통해 스스로를 발전시키고 형성해 나간다.

120 기본권체계에서뿐만 아니라 법치국가원칙, 사회국가원칙, 민주주의원칙으로 구성되고 조직된 헌법체계에서도 인간에게는 자발성과 개인성에 기초한 삶의 발전과 형성이 보장되고 있다. 따라서 법치국가원칙을 개별성의 측면에, 사회국가원칙은 사회성의 측면에 그리고 민주주의원칙은 인간성의 측면에 한정하는 것은 잘못이다. 이 모든 원칙은 개인적, 사회적, 정치적으로 자기존재, '로서의 존재', 인간존재 일반의 세 측면을 모두 지닌 온전한 개인성을 전제로 삼는다.

121 법체계에서 개인성의 보장에 관해서는 Heinrich Henkel, *Recht und Individualität*, 1958 참고. 법에서의 인간에 관한 일반적인 설명은 Henkel,

롭게 **발현하고 형성**할 수 있도록 보장함으로써 이루어진다. 물론 우리가 이러한 **자유의 전제조건들을 이론적으로 정의**할 수는 없으며, 단지 그 **결과만을 실천적으로 설명**할 수 있을 뿐이다. 그럼에도 불구하고 우리가 묵시적으로나마 정신적 독자성과 윤리적 자기결정에 따른 **개인의 자유**로서 사실상 전제하고 있고, 하나의 권리로서 정립하고 있는 것이 도대체 무엇인지를 분명히 밝히지 않고서는 자유보장의 한계를 자유 자체의 본질로부터 명백히 밝히는 것은 불가능하다. 그렇다면 '자유의 한계'[122]를 명시적이고 적극적으로 '규정하고 확실하게 밝히는 것'은 법학과 같은 실천과학 및 법철학과 같은 실천철학 일반이 안고 있는 한계를 뛰어넘는 문제일까?

페터 슈나이더(Peter Schneider)가 신칸트학파의 칸트 해석에 따라 **독일 헌법**에서 **인간의 자유**는 인간에 관한 '**이론적으로 확실한 본질명제**'로서가 아니라, 단지 '**실천이성의 요청**'으로서만 전제되어 있을 뿐이라는 소극적 입장[123]을 취함으로써 인간의 문제 그 자체에 기

Einführung in die Rechtsphilosophie. Grundlagen des Rechts, 1964, S. 166 이하 참고. 물론 우리가 인간의 인격성과 연대성을 설명했던 세 가지 측면, 즉 개별성, 사회성, 인간성의 측면에서 인간적인 것의 '완성'을 위한 자발성으로 개인성을 이해할 때만 비로소 법체계에서 개인성이 요구하고 의미하는 것이 무엇인지를 제대로 파악할 수 있을 것이다. 이와는 달리 개별성 그 자체, 즉 내가 타인과 구별되고 타인과 결코 비교될 수 없다는 엄밀한 의미에서의 인간의 자기존재가 예컨대 형법상의 책임판단이나 민법상의 형평판단에서처럼 법체계 내에서 일정한 위상과 타당성을 가져야 하지 않는가의 물음은 다른 차원에 놓여 있다.

122 칸트는 자유의 한계를 법률로 확정되고 보장되는 자유질서로서의 자유 법치국가의 원칙으로 삼고 있다. 이에 관해서는 Kant, *Idee zu einer allgemeinen Geschichte in weltbürgerlicher Absicht*, S. 39 참고.

123 Peter Schneider, "Die Menschenrechte in staatlicher Ordnung", in: *Archiv für Rechts- und Sozialphilosophie*, Band 50(1964), Beiheft 40, Neue Folge 3, S. 89 이하. 또한 Peter Schneider, "Prinzipien der

인한 이러한 난점을 피하려고 한 것은 일단은 이해할 만하다. 즉 "모든 인간은 **자유**를 통해 그리고 **타인의 자유를 존중**하면서 자기 자신을 규정해야 한다"[124]는 것은 실천이성의 요청일 따름이라는 것이다. 그러나 이러한 실천이성의 요청이 "인간은 자유를 가진 주체이며 또한 타인의 자유까지도 존중하면서 **스스로 결정하는 존재**"라는 사실까지 말해 주고 있는 것은 아니다. "단지 우리가 고유한 존재인 인간을 진지하게 고려한다면 이러한 요청은 **사유필연적**(denknotwendig)이다"[125]라는 사실만을 말할 뿐이다.

그러나 우리가 "고유한 존재인 인간을 진지하게 고려하여" 자유는 인간의 본질에 귀속된다는 것을 우선 **존재필연적**(seinsnotwendig)으로 경험하지 않는다면 도대체 무엇이 '사유필연적'이며 무엇이 **사고 자체**에 모순이 없는 필연적인 것으로 여겨지는 것일까? 그 때문에 슈나이더처럼 **자유**를 사유필연성으로 정당화하려는 시도는 자기기만에 불과한 것일 수 있다. 이와 마찬가지로 법적 귀속에서 "원인 없으면 결과 없다"는 조건설이 생각하듯이 **인과관계가** 사유필연성으로부터 정당화될 수는 없다.[126] 따라서 어떤 사실이 그로 인해 '야기된' **결과**와 **존재연관**, 즉 인과관계를 맺고 있다는 점을 사전에 알지 못한다면 우리는 그 어떤 사실을 이를 배제하고서는 결코 결과를 생각할 수 없다는 의미의 필연적 조건, 즉 원인이라고 말

Verfassungsinterpretation", in: *Veröffentlichung der Vereinigung der Deutschen Staatsrechtslehrer*, Heft 20, 1963, S. 21 이하도 참고.

124 Peter Schneider, "Die Menschenrechte in staatlicher Ordnung", S. 89.

125 Ebd.

126 인과성을 필연적 존재연관이 아닌 필연적 사유연관으로 파악하는 것은 불가능하다는 점을 설득력 있게 설명한 것으로는 Arthur Kaufmann, "Die Bedeutung hypothetischer Erfolgsursachen im Strafrecht", in: *Festschrift für Eberhard Schmidt*, 1961, S. 209 이하 참고.

할 수 없다. 그러므로 우리가 **인간이라는 것**과 **자유를 갖는다는 것** 사이에 **하나의 존재연관이 있다는** 점에 대해 '존재론에 앞서 묵시적으로 의미를 이해'하고 있지 않다면 자유를 그것 없이는 인간존재를 결코 생각할 수 없는 필연적 조건이라고 생각할 수 없다. 우리는 사고를 통해 '공통의 이성의 가장 비밀스러운 판단을 분석' — 칸트는 이를 '철학자의 임무'라고 표현한다[127] — 함으로써 이러한 존재연관을 비로소 분명하게 의식할 수 있다.

우리가 **인간**을 '**진지하게**' **사고**해 보면, 결국 **인간의 자유**는 이 '**고유한 존재**'의 필연적 조건이라는 결론에 이르게 된다. 왜냐하면 비록 **이론적**으로는 자유가 진정 무엇인지를 **알지 못한다**고 할지라도 **실천적**으로 볼 때 자유는 인간의 존재가능성을 위한 필연적 조건으로서 바로 인간존재에게 귀속된다는 사실은 우리의 일상적인 행동과 관계에서 자기 자신이나 타인에게 **너무나도 명백**하기 때문이다. 우리의 사고능력은 논리적 추론이 어떤 모순이나 불일치라는 한계에 부딪히는 것과는 달리 **사고논리적 한계**에 부딪히지 않는다. 또한 대상에서 도출되는 사실에 대한 판단의 경우에는 논리적 추론에 한계가 있을 수 없으며, 단지 대상 자체에 대한 **명제**인 경우에만 논리적 추론에 한계가 있다. 따라서 자유라는 '인간의 본질'도 논리적 추론의 한계에 부딪히지 않는다. 그러므로 인간의 사고능력은 그것이 존재에 관한 사고(Denken-im-Sein)[128]로서 **사물논리적** 한계에

---

127 이러한 이해에 기초하여 이미 칸트는 철학을 '공통의 이성의 가장 비밀스러운 판단'에 대한 분석으로 파악하며, 오늘날 하이데거가 철학을 '존재에 관한 존재론 이전의 의미이해'의 해명이라고 파악하는 것 역시 같은 맥락에 속한다. 이는 사실상 묵시적인 '직관'을 명시적인 '개념'으로 전환하는 것을 의미한다. 이에 관해서는 Heidegger, *Sein und Zeit*, S. 23 참고.

128 루드비히 포이어바흐(Ludwig Feuerbach)에 의해 이루어진 사고의 전환,

부딪혀 달리 생각하는 것이 불가능할 때만 저지될 수 있다. 이미 칸트는 실천이성의 요청을 통해 이러한 **사유필연성**으로 경험된 **실천적 확실성**을 끌어들이고 있다. 물론 그의 순수이성 비판에 따르면 도덕, 법, 국가, 정치 등의 실천은 더 이상 **인간에 관한 이론적으로 확실한 본질명제**에 기초할 수 없기 때문에 아무런 근거가 없는 것이다. 그러나 칸트는 이 실천의 영역을 철학적으로 정당화하기 위해 **실천이성의 요청**을 제기한다.

따라서 인간의 자유를 법을 수단으로 삼아 국가를 통해 보장되는 질서의 근본적 전제와 목표, 즉 제1의 전제이자 궁극적 결론으로 정립함으로써 인간이란 무엇인가에 관해 최소한 **실천적으로는 어느 정도 확실한 본질명제**를 획득하게 된다. 이는 마치 우리가 앞에서 **인간의 존엄이라는 해석되지 않은 테제**를 해석하면서 인간의 존엄이 **사실로서는** 무엇을 의미하고, **규범으로서는** 무엇을 요청하는지를 분명히 밝힘으로써 '공통의 이성의 가장 비밀스러운 판단'에 대해 이론적으로는 불충분하지만 실천적으로는 충분한 분석을 거쳐 어느 정도 확실한 본질명제를 획득했던 것과 같은 맥락에 해당한다.

실천적 확실성에 의해 인간의 존엄을 궁극적 목적이자 최고의 목적으로 지향하는 국가의 존재론적, 인간학적 전제와 목표설정을 분명히 밝혀 보면 우리의 자유 법치국가는 '고유한 존재인 인간을 진지하게 고려할 경우' **사유필연적**으로 도출되는 하나의 **요청**에 근

즉 초월적 의식을 통한 유(Gattung)의 보편적 이념에 관한 추상적 사고로부터 벗어나, 사고하는 자 자신의 삶 — 우리는 오로지 이러한 삶에 기초할 때만, 이 세계의 어떤 실제적인 것을 사고 가능하다거나 사고 불가능하다고 경험할 수 있다 — 에서 출발하여 개별적 존재를 구체적으로 사고하는 '이론적 혁명'에 관해서는 Maihofer, "Konkrete Existenz", S. 248 이하 참고.

거하고 있을 뿐만 아니라, 인간의 존엄이 자유를 전제하고 자유는 다시 **인간의 존엄**을 조건으로 삼는다는 사실을 파악할 경우 **존재필연적**으로 도출되는 원칙에도 근거하고 있다는 것을 알 수 있다. 기본법이 **인간존엄의 헌법적 보장**을 규정한 제1조 제1항에서 전제하고 있는 **실천적으로 확실한 본질명제**는 국가가 존중하고 보호해야 할 인간의 본질이 바로 인간의 **존엄**에 근거하고 있다는 명제이다. 또한 기본법 제2조와 제3조의 헌법적 보장으로부터 도출되는 **실천적으로 확실한 본질규정**은 인간의 존엄 자체가 무엇보다 **인격 발현의 자유와 인간의 평등취급**에 근거하고 있다는 사실이다. 이와 같은 본질명제와 본질규정에 의해 독일 헌법이 전제하고 있는 **인간상의 윤곽**이 드러난다. 우리는 헌법이 전제하고 있는 이 인간상을 그저 '선의의 선언'이라고 대수롭지 않게 여기지 않는다.[129] 오히려 우리가 인간의 존엄이라는 해석되지 않은 테제를 해석하거나 **자유와 평등의 내용 및 한계를 규정**할 때는 선의의 인간선언인 이러한 인간상으로부터 출발하지 않으면 안 된다. 바로 이 인간상에 의해 혼란으로

---

129 그 때문에 Peter Schneider, "Die Menschenrechte in staatlicher Ordnung", S. 83에서는 인간존엄의 헌법적 보장을 '트로이의 목마'라고 표현하고, 이를 통해 독일 법체계에는 상이한 종류의 세계관이 개입될 수 있음을 지적하고 있다. 페터 슈나이더가 뒤리히의 입장을 반박하면서 올바르게 지적하고 있듯이 기본법 제1조 제1항이 기독교적 전통의 인격적 가치윤리를 요청하고 있지는 않다는 점은 분명히 옳다. 적어도 전통적인 가톨릭 도덕신학에서 인격적 가치윤리는 언제나 자연 또는 신에 의해 존재하는 불평등에 따른 가부장적이고 신화적인 사고에 바탕을 두고 있으며, 이러한 불평등은 객관적 윤리법칙의 세계질서를 통해 이미 주어져 있는 것이라 생각한다. 하지만 기본법의 규범적 전제와는 합치하지 않는 인간상과 질서사상을 거부한다고 해서 기본법 제1조 제1항에 규정된 인간의 존엄이라는 '해석되지 않은 테제'를 해석함으로써 기본법의 인간상과 질서사상을 명백히 밝혀야 할 과제가 사라지는 것은 아니다.

점철된 독일의 역사 가운데 밝은 빛이 비춰지는 순간, 독일은 **인간의 존엄**이라는, 이제부터는 결코 흔들릴 수 없는 굳건한 토대 위에 서게 된 것이다.

따라서 **탈이데올로기화**와 과학화에 대한 요청은 일단 환영할 만한 일이다. 그러나 이러한 요청으로부터 기본법 제1조 제1항이 규정한 **인간존엄의 헌법적 보장**이 무엇을 의미하고 무엇을 요청하는가에 대한 결정을 회피하려는 시도가 나타난다. 즉 **인간의 존엄이라는 사실**을 제쳐 두고 그 대신 '**변용된 실증주의**'의 방법에 따라 (내용이 비슷한) 하나의 **요청**을 정립하자고 한다.[130] 그러나 이런 식으로는 진정 중요한 인간의 문제를 해결할 수 없다. 사회과학이자 동시에 평가과학인 법학과 같은 실천과학[131]에서는 어떤 **결정**이나 **평가**로부터 벗어날 가능성이 존재하지 않으며, 만일 결정이나 평가로부터 벗어날 경우에는 이러한 **가치결정**에 관련되고 가치결정의 근거가 되는 **사실**을 제시할 수 없게 된다.

페터 슈나이더가 테오도르 가이거(Theodor Geiger)에 대해 타당하게 지적하고 있듯이, 실천과학으로서의 법학이 이론과학의 의미

---

130 페터 슈나이더는 자코메티(Giacometti)를 원용하여 이 점을 분명히 하고 있다(Peter Schneider, ebd., S. 86).

131 엄밀하게 보면 법학은 이론과학과 실천과학, 즉 인식과학과 행동과학의 경계선에 놓여 있으며, 그 자체 (법)사실과 (법)규범 모두와 관련을 맺는다. 그렇기 때문에 법학은 사실과학이자 규범과학 또는 ─ 더 근본적인 용어로 표현하자면 ─ 존재과학이자 당위과학으로 여겨진다. 경험적인 법사실연구와 분석적인 법사회학 그리고 법심리학은 존재과학으로서의 법학에 해당하며, 경험적인 법규범연구(법도그마틱)와 분석적인 법이론은 규범과학으로서의 법학이다. 이론과학일 뿐만 아니라 실천과학이며, 인식과학일 뿐만 아니라 행동과학인 법학은 존재과학과 당위과학이라는 두 가지 측면에서 연구를 수행한다. 그 때문에 법사실연구-법사회학-법정책의 연관성 및 법규범연구-법이론-법정책의 연관성이 드러난다.

에서 '**가치중립적 과학**'으로 구성될 가능성은 전혀 없다.[132] '사고하는 **주체**'가 없는 법학은 생각할 수 없을 뿐만 아니라, 일상의 세계에서 실제로 **사고**하고 **존재**하는 **인간 주체**가 없는 법학도 생각할 수 없다. 바로 이 사고하고 존재하는 인간이 **사실을 평가하는** 과학인 법학의 모든 **실천적 전제**의 출발점이자 **실천적 결론**의 종착점이다.

따라서 이제 법학과 관련된 의문은 과연 법학이 단순히 **비합리적**인 것으로 전제된 평가들을 평가과학으로 끌어들여 편입시킬 것인가 아니면 그러한 평가들을 **인간존재의 보존조건과 발전조건**의 관점에서 이익이 되는지 아니면 손해가 되는지를 이해할 수 있도록 **합리적 분석**의 대상으로 삼을 것인가이다.[133]

우리가 합리적 근거를 갖고 있고 합리적으로 정당화된 **규범적 전제들** — 예컨대 **인간의 존엄**과 같은 — 을 독일의 헌법체계에 도입하는 것 역시 법학과 같은 평가과학의 한계 내에서만 허용될 수 있다. 독일 법체계를 지탱하고 있는 '해석되지 않은 테제'를 법학과 같은 평가과학을 통해 해석함으로써 **법체계의 내재적 논리**를 구명할 수 있으며, 법체계의 내재적 논리를 혼동하거나 이와 모순되는 결론을 이끌어 내는 것을 피할 수 있다. 다시 말해 그러한 해석만이 근본명제와 이로부터 도출된 명제, 즉 인간존엄의 **존중명령**이나 **보호명령**과 같은 **규범적 결론**을 방법적이고 체계적으로 결합시키며, **체계의 내재적 구조**를 논리적으로 일관되고 모순 없이 구성할 수 있다.

---

132 이 점은 Peter Schneider, ebd., 각주 40에 분명하게 밝혀져 있다.

133 구체적 상황의 규범적 구조를 관련 당사자의 발전조건과 보존조건의 관점에서 합리적으로 분석하는 방법에 관해서는 Maihofer, "Droit naturel et nature des choses", S. 233 이하, 256 이하 참고.

따라서 **법학의 탈신화화와 탈이데올로기화**는 법현상과 법제도를 가치중립적으로 구성하고 해석함으로써 이루어지는 것이 아니라, 법현상이나 법제도에서 **인간과 무관하거나 현실과 동떨어진 절대성과 추상성**으로부터 나오는 모든 **평가**들을 제거함으로써 이루어질 수 있다. 예컨대 신화적 전제가 없이는 입증될 수 없고 또한 인간과는 무관하게 존재한다고 주장되는 '객관적 도덕률'과 같은 것은 제거해야 한다.[134]

단지 신화적인 사고방법[135]과 이데올로기적 표현방법으로만 존재할 수 있는 '가치'들을 배제한다고 해서 법학이 테오도르 가이거의 생각처럼 절대적인 가치배제라는 순수성 요청에 부응하게 되는 것은 아니다. 다시 말해 그러한 가치를 배제함으로써 법학이 **이론적 또는 심지어 실천적 가치허무주의**[136]에 빠져드는 것은 아니다. 그러한 탈형이상학화는 결코 법, 법학, 법철학의 탈윤리화를 의미하지 않는다. 인간과는 무관한 세계(그것이 가치의 왕국이든 초현세적이

---

134 스콜라철학의 자연법에 나타나는 이러한 객관적 도덕률을 이데올로기 비판적으로 분석한 것으로는 특히 August M. Knoll, *Katholische Kirche und scholastisches Naturrecht. Zur Frage der Freiheit*, 1962 참고.

135 신화적인 사고방식과 언명방식이란 디트리히 본회퍼(Dietrich Bonhoeffer)가 세계에 대한 종교적 해석이라고 비난했듯이 현실을 세계 외적인 절대성과 추상성으로부터 정당화하는 것이다(Bonhoeffer, *Widerstand und Ergebung. Briefe und Aufzeichnungen aus der Haft*, 1962, S. 183 이하). 파울 틸리히(Paul Tillich)도 이러한 사고방식은 초자연주의적인 사고방식으로서 초월성의 획득이 아니라, 오히려 초월성의 상실이라고 설명한다(Paul Tillich, *Systematische Theologie*, Band 2, 1958).

136 Theodor Geiger, *Demokratie ohne Dogma. Die Gesellschaft zwischen Pathos und Nüchternheit*, 1950, S. 284 이하. 또한 Geiger, *Arbeiten zur Soziologie. Methode - moderne Großgesellschaft - Rechtssoziologie - Ideologiekritik*, hrg. v. Paul Trappe, 1962, S.402 이하도 참고.

고 초시대적인 질서이든)에서 인간세계로 작용하는 모든 가치평가들을 부인하고 배제함으로써 인간은 무(無) 앞에 서게 되는 것이 아니다. 오히려 인간에 관한 물음 가운데 최우선의 물음, 즉 개별적이면서도 동시에 보편적인 이성을 사용하여 (칸트가 탁월하게 표현했듯이) 무엇이 인간의 삶에 의미와 "가치를 마련해 주며", 무엇이 그렇지 않은지를 밝혀내는 물음 앞에 서게 된다.

따라서 어떤 사람이 하나의 행위를 '반가치적('나쁜', '좋지 않은', '부정당한', '정당하지 않은', '비도덕적인', '도덕적이지 않은' 등)'이라고 평가한다면 이 '판단자'는 결코 "인식비판의 법정 앞에서 이론적으로 무의미한" 말을 하는 것이 아니다. 그러나 테오도르 가이거는 단지 "평가자의 감정적 태도에 기인한 가치평가"로서의 의미만을 갖는 **감정표현**을 "사물의 가치적 속성이 나쁘다"라는 **사실명제**로 파악하는 '사고의 오류'를 범하고 있다는 이유로 그러한 판단자는 이론적으로 무의미한 말을 하는 것일 뿐이라고 한다.[137] 따라서 그러한 가치판단은 명제의 형식에 비추어 볼 때 사실에 속하는 속성에 관한 이론적 서술을 할 수 없다고 한다. "존재하지도 않는 대상에 관한 명제는 정당하지도 않고 나쁘지도 않다. 가치에 관한 언명은 존재하지도 않는 대상을 마치 존재하는 것처럼 다루는 명제이다."[138]

---

137 Geiger, *Demokratie*, S. 290. 하지만 "그렇다고 해서 지금까지 좋다고 여겨진 행위가 실제로는 나쁜 것이라거나, 나쁘다고 여겨진 행위가 실제로는 좋은 것이라는 뜻은 아니다. 만일 하나의 행위에 '좋다'라는 속성을 부여하는 것이 잘못이라면, 논리적으로 볼 때 행위에 '나쁘다'라는 속성을 부여하는 것 역시 잘못이다(*Arbeiten*, S. 402)"고 가이거는 밝히고 있다.

138 Geiger, *Demokratie*, S. 289. 이와 관련해서도 가이거는 "도덕적 관점에 비추어 볼 때, 가치명제가 있을 수 없다는 사실이 사람은 자기가 좋아하는 대로 행동할 수 있다는 것을 의미하는 것은 결코 아니다. 더 정확하게 말하자면 **가치허무주의자는 그러한 행동을 예전보다 더 강한 정도로 삼갈 것**

그렇기 때문에 가이거와 같이 '과학의 순수성'을 과학의 절대적 '가치중립성'으로 파악하는 가치허무주의자들은 "가치판단이 이론적으로 무의미한 것은 아니지만, 그 자체 명백한 거짓"이라는 이유로 "이론적 진리의 이름으로 가치판단을 배제한다."[139] 따라서 '계몽'에 관한 가이거의 견해에 따르면 "비판적으로 계몽된 사람은 … 필연적으로 **이론적 및 실천적 가치허무주의자**일 수밖에 없다"고 한다. "비판적으로 계몽된 사람이라면 **첫 번째 단계**에서는 **타인의 가치판단**을 사실적으로 허용될 수 없는 명제로 부인하고, **두 번째 단계**에서는 **자기 자신의 가치판단**도 단념하게 된다. 왜냐하면 자신의 가치판단도 타인에 의해 부인될 것이며 또한 자신의 가치판단으로 말미암아 순진하고 미신에 빠진 사람이라는 조롱을 받게 될 것이기 때문이다."[140]

따라서 **실천적 가치허무주의**에 따르면 — 가이거 자신의 말을 빌

이다. 사람들이 순수한 자의와 순간의 쾌락에 따라 행동할 때 어떤 일이 발생할 것인지는 너무나도 확연하다(*Arbeiten*, S. 402 - 강조표시는 지은이)"고 한다.

139 Geiger, *Demokratie*, S. 289. 하지만 "감정은 사고와는 별개로 활동한다. 어떠한 이론적 통찰도 내가 **일정한 행위방식**이나 이에 관한 생각에 대해 이것은 **나의 마음에 들고** 저것은 **마음에 들지 않는다**는 식으로 **긍정적 또는 부정적으로 반응**하는 것을 막거나 바꿀 수 없다(Arbeiten, S. 402 - 강조표시는 지은이)"고 한다.

140 Geiger, *Demokratie*, S. 289. 가이거의 견해에 따른다면 나는 "**가치판단**을 내리는 것, 즉 나의 감정활동을 사이비 이론으로 덮어씌운 서술을 하는 것 자체를 그만두어야 한다. 내가 이론적이 되려면 나는 가치허무주의자이어야 한다. 나의 이론적 통찰과는 상관없이 **나는 지금까지와 마찬가지로 느끼고 행동하는 것을 계속**할 수 있다. 그러나 나의 감정상태나 행위방식이 이론적 근거가 없음을 알게 된다면, 나는 나의 감정상태나 행위방식을 사이비 이론으로 포장한 지금까지의 허구를 더 이상 유지할 수 없다(*Arbeiten*, S. 403 - 강조표시는 지은이)."

리면 - "우리는 더 이상 살인을 잔혹한 행위라고 하거나 절도를 나쁜 행위라고 말할 수 없게 된다."[141] 그럼에도 불구하고 실천적 가치허무주의는 "일정한 행위질서에 순응하는 것"을 '필연적'으로 여긴다. 그것은 오로지 다음과 같은 이유 때문이다. 즉 타인의 선의나 악의에 대한 쌍방적 의존을 뜻하는 '사회적 상호의존'에 비추어 볼 때 '사회적으로 잘 적응하지 못한 사람'과 공존하는 것은 "어려울 뿐만 아니라 아마도 불가능할 것"이라고 한다.[142]

그러나 자세히 고찰해 보면 이처럼 **과학이 가치로부터 해방**된다고 해서 가치의 문제가 해결되는 것은 아니며, 오히려 가치의 문제가 은폐되고 있음을 알 수 있다. 가치로부터 해방된 과학에서는 특정한 행위방식이 가치적 또는 반가치적으로 평가되어야 한다는 **가치합리적 명제** 대신 단지 일정한 행위방식이 사회적 상호의존을 통한 공동생활을 "어렵게 만들거나 불가능하게 만드는지" 아니면 이를 용이하게 하거나 가능하게 만드는지에 관한 **목적합리적 명제**만이 제시된다. 따라서 질서목적만이 그 자체 하나의 가치로 정립되고,

---

141 Geiger, *Demokratie*, S. 289. 그러나 가이거 자신의 말에 따르면, 실천적 가치허무주의자가 이러한 입장에 머무르지는 않는다. "살인이 나에게 역겹게 여겨진다면 그 어느 것도 나로 하여금 다른 사람을 살해하도록 동기를 부여할 수 없다. 혹은 가치허무주의자라면 이렇게 말할 수도 있다. 즉 우리 사회에서 타인을 살해하는 것은 금지되어 있다. 그럼에도 불구하고 살인을 저지른 자는 나쁜 결과에 처할 것이며, 우리는 그 자가 우리와 함께 있는 것을 더 이상 참을 수 없을 것이다(S. 290)." 따라서 가이거 자신이 확인하고 있는 것처럼 일차적 평가는 가치허무주의에 의해서도 동요되지 않는다. "내가 선(善)이라는 가치이념이 허상이라는 사실을 알고 있더라도 그것이 절도나 동물학대에 대한 나의 혐오감을 바꿀 수는 없으며 또한 다른 사람을 돕거나 약속을 잘 지키는 것에 대한 나의 공감을 바꿀 수도 없다(*Arbeiten*, S. 402)."

142 Geiger, *Demokratie*, S. 291.

그 때문에 하나의 질서가 장애나 마찰 없이 잘 기능하는 것만이 가치 있는 상태로 전제된다. 결국 가이거가 그의 저작 「도그마 없는 민주주의」에서 궁극적으로 의도하는 결론은 바로 다음과 같은 것이다. 즉 도그마 없는 민주주의에서는 **질서가 최고의 가치**로 정립되고 관철되며, 따라서 안전과 질서, 평화와 평온은 그것이 어떠한 목적을 추구하든 또는 어떠한 수단에 의해 관철되든 그 자체가 최고의 가치이다. 또한 국가는 단순한 질서감독자에 불과하다.

그러므로 질서의 **형식**이 인간의 공동생활에서 최대한의 안전을 보장하고 개인이 이 '질서'에 최대한으로 순응하도록 관철하라는 요청을 충족시킨다면, 질서의 **내용**을 어떻게 정립할 것인가는 국가의 자의에 내맡겨져 있게 된다. 이러한 원칙에 따른다면 무덤 위의 평온상태가 지배하는 사회일지라도 목적합리적으로는 정당하고 좋은 질서를 가진 사회일 것이다. 다시 말해 설령 인간을 질서에 강제로 복종하게 만들어 개인의 자발성, 즉 정신적 독자성과 윤리적 자기결정에 따라 스스로를 발현해 나가는 개인의 근원적인 자유가 완전히 상실된 사회일지라도 평화가 지배한다면 정당하고 좋은 질서를 가진 사회라는 것이다.

이와 같이 인간의 질서에 대한 순수한 **목적합리적** 정당화는 결코 충분한 정당화가 될 수 없다. 그렇다면 인간질서의 내용과 한계에 대한 **가치합리적** 설명과 규정은 어떻게 이루어져야 하는 것일까? 자유 법치국가에 의해 보장되는 최대한의 안전과 평등한 안전의 질서를 **합리적 분석**을 통해 '좋은' 질서이자 '정당한' 질서로 정당화할 수 있는 '가치들'은 도대체 어디에서 유래하는 것일까? 우리의 가치인식에는 테오도르 가이거가 막스 베버를 원용[143]하면서 인간과 인간세계의 문제 및 법과 국가의 문제에 대한 법학적 고찰과 판단에 대해 지적했던 도저히 뛰어넘을 수 없는 한계가 놓여 있는 것은 아닐까? 또한 우리의 가치인식은 법학의 학문성을 부인하거나 이에 반대하는 것은 아닐까?

이론적 또는 실천적 가치허무주의는 이 모든 방법적 구상의 측면에서 다음과 같은 점을 묵시적으로 전제하고 있다. 즉 모든 **가치**는 **사물** 자체의 속성이 아니며 또한 사물 자체를 **근거와 척도**로 삼고 있지도 않다고 한다. 가치는 단지 **인간**이 사물에 부여한 것일 뿐이며, 사물 자체는 그것이 인간의 가치감정에 일정한 방식으로 작용하는 한도 내에서만 인간의 가치부여에 대한 **근거와 척도**를 제시할 뿐이라고 한다. 그렇기 때문에 감정에 의해 부여된 '가치'를 **사물 자체**에 귀속시키는 것은 허용될 수 없으며, 가치란 단지 인간이 사물과 결부시키는 어떤 감정에 연유한다고 한다.

가치허무주의의 접근방법은 대상의 측면에서는 **사물 그 자체**가, 주체의 측면에서는 **인간 그 자체**가 존재한다는 사실에서 출발하고 있고, 따라서 전통적인 의식철학에서처럼 주체와 대상의 분리를 고수하고 있다.[144] 전통적인 의식철학에 따르면 실재는 **이론적인 사고**(vita contemplativa)를 통해서만 파악될 수 있을 뿐, **실천적인 행동**(vita activa)에 의해서는 파악될 수 없다고 하며, 가치허무주의의 접근방법 역시 이러한 입장을 따르고 있다. 그러나 이러한 이분법적 방법을 이유로 법학이나 법철학과 같은 실천과학과 실천철학의 영역에 이를 원용하는 것은 완전히 잘못된 일이라고 생각해서는 안 된다. 이러한 방법적 출발점은 적어도 관념의 세계에서는 타당하

---

143 사회과학에서 가치판단의 문제에 관해서는, Ernst Topitsch(Hrsg.), *Logik der Sozialwissenschaften*, 3. Aufl. 1966, S. 165 이하 참고.

144 이에 관해서는 Maihofer, "Konkrete Existenz", S. 261 이하 참고.

다. 문제는 우리가 일상적으로 살아가는 현실의 세계에서는 타당할 수 없다는 점이다.

우리는 감각적 지각활동이 아닌, 정신적 지각활동을 통해 **인간의 존재가능성을 위해 이익이 되는가 아니면 해악이 되는가**의 관점에서 특정한 행동과 상태를 경험하게 된다. 그렇다면 우리가 인간의 보존조건과 발전조건이라는 가치관점에 기초하여 사고할 뿐만 아니라, 살아 숨 쉬는 인간들의 일상세계에서 특정한 행동이나 상태를 현실적으로 경험하는 경우에는 언제나 우리는 자기 자신이나 타인에 대해 가치적인 것과 반가치적인 것을 직접적으로 인식하게 된다.

자기 자신과 타인의 삶의 보존조건과 발전조건의 관점에 따라 발견되는 '가치'와 '반가치'는 인간이 자의적으로 대상에 부여하는 속성이 아니다. 이 점은 살인행위나 상해행위의 경우 피해자의 존재가능성의 관점에서 생각해 보면 분명해진다. 피해자는 언제나 자신의 생명에 대한 위협이나 침해를 자신의 존재가능성에 반하는 조건, 즉 '반가치'로 평가할 것이다.[145] 이러한 평가는 결코 **우연**이

---

145 우리는 행위의 규범적 성격에 관한 합리적 해명의 경우와 마찬가지로 테오도르 가이거가 '일차적 평가'라고 불렀던 바로 그 점으로부터 상황의 규범적 구조를 합리적으로 해명하게 된다. 앞에서 보았듯이 가이거 자신도 이 일차적 평가는 부정하지 않았다. 우리가 황금률이나 정언명령의 인식원칙에 따라 쌍방적 또는 더 나아가서는 보편적인 상호주관적 가치평가를 확인할 수 있을 때는 언제나 실천적으로 확실한 가치명제인 이러한 가치평가로부터 출발할 수 있다. 테오도르 가이거의 경우에도 그의 방법적 출발점을 논리적으로 일관되게 견지했다면 이와 같은 실질적 가치윤리에 도달할 수 있었고 또한 그래야만 했다는 점은 다른 맥락에서 나타난 그 자신의 설명에서도 분명히 드러난다. 가이거는 이렇게 말한다. "조직화된 사회에서는 일차적으로 행위동기의 윤리성이 아니라 외적 행태가 중시된다. 이 관점에서 조직화된 사회에서는 도덕규범을 규약이나 예의범절의 규칙과 같이 안심하고 다룰 수 있다 … 왜 사람들은 거짓말을 하지 않는

아니며 그렇다고 **필연**도 아니다. 이러한 **실천적 가치윤리**를 통해 획득되는 것은 결코 **객관적** 가치가 아니다. 그렇다고 해서 자의적인 가치감정과 같은 단순히 **주관적인 가치평가**가 획득되는 것도 아니다. 우리는 그러한 생활사실을 **실존론적으로 해석**함으로써[146] 바로 지금 여기에 주어져 있는 **특수하고 유형적인 상호주관적 가치들**을 밝혀낼 수 있다. 이러한 가치들은 바로 **특정한 방식의 행동과 특정한 종류의 상태**가 때로는 인간에게 유리한 보존조건과 발전조건으로, 때로는 인간에게 불리한 보존조건과 발전조건으로 경험된다는 사실에 근거한다.

인간의 존엄, 즉 인간의 **자기귀속성**과 **자기처분성**은 **개인 및 사회가 인간다운 삶으로 발전할 수 있게 하는 근본적인 조건**으로 입증되었다. 물론 인간의 존엄에 관해 **실천적으로 확실한 명제**는 단지 다음과 같은 것뿐이다. 즉 우리는 비인간성의 한계상황에서는 '**주관적**' 개인으로서뿐만 아니라 (우리는 '이성을 사용'할 능력이 있고 또한 이성을 사용하도록 의욕하기 때문에) '**상호주관적**'으로도 인간다운 삶을 위한 궁

가? 함께 살아가는 사람들은 자신들이 기만당하는 것을 참지 못하기 때문이다. 왜 사람들은 남의 물건을 훔치지 않는가? 다른 사람들이 자신의 물건에 가치를 부여하기 때문이다. 너는 거짓말을 하거나 물건을 훔치거나 또는 네가 좋아하는 대로 행동해서는 안 된다. 만일 그로 인한 결과를 감수할 뜻이 없다면(*Demokratie*, S. 313)." 이는 한편으로는 가치합리적인, 즉 상호주관적인 평가에, 다른 한편으로는 목적합리적인, 즉 주관적 결과에 초점을 맞춘 도덕규범에 '따른다는 것'을 뜻한다.

146 상황의 규범적 구조와 행동의 규범적 구조를 실존론적으로 해명하는 방법에 관해서는 Maihofer, "Die Natur der Sache", in: *Archiv für Rechts- und Sozialphilosophie*, Band 44(1958), S. 164 이하; ders., "Recht und Existenz", S. 169 이하 참고. 또한 '실존론적 심리분석'의 방법에 관해서는 Jean Paul Sartre, *Das Sein und das Nichts. Versuch einer phänomenologischen Ontologie*, 1962, S. 701 이하 참고.

극적인 조건이 침해되고 있음을 알 수 있다. 물론 인간의 존엄에 반하는 행동과 상태를 경험함으로써 명백하게 드러나게 되는 이러한 가치를 따를 수 없거나 의식적으로 이러한 가치로부터 눈을 돌리고자 하는 사람이 '자기만의 가치세계'를 고수하는 것은 그 사람의 자유다. 중요한 것은 이성을 사용할 수 있고 또한 사용하고자 의욕하는 모든 사람에게 헌법제정자들이 인간의 존엄을 헌법적으로 보장함으로써 인간존엄의 침해라는 역사적 사실에 대응하고자 했다는 결코 의심할 수 없는 사실이 충분히 명백하게 밝혀질 수 있는가이다.

인간의 존엄이라는 '해석되지 않은 테제'를 해석할 때 실천적으로 확실한 이러한 가치명제를 **규범적 전제**로 삼는 것에 대해서는 어느 누구도 반론을 제기하지 않는다. 헌법제정자들이 이러한 명제를 제기하게 된 역사적 배경을 무시하지 않은 이상, 여타의 규범적 전제도 얼마든지 정립할 수 있다.

그러나 여타의 **규범적 전제**들은 그 **규범적 결론**의 측면에서 반드시 인간의 존엄이라는 규범적 전제에 기초한 기본권체계, 헌법체계, 법체계 전체의 **내재적 논리**에 부합해야 하며, 결코 이와 모순돼서는 안 된다.[147] 따라서 인간의 존엄이라는 규범적 전제는 이에 기초한 체계의 내적 구상을 전제들로부터 체계적이고 논리적으로

---

147 하나의 '가치체계'의 **규범적 전제**가 이로부터 도출되어야 하는 **규범적 결론** 또는 하나의 가치체계(예컨대 기본법에 의해 규정되는 헌법체계)에 의해 ─ 우리가 '해석되지 않은 테제'를 해석할 때, 우리는 이 가치체계의 규범적 전제(여기에서는 인간의 존엄)를 구명하고자 시도하는 것이다 ─ 이미 도출되는 규범적 결론과 '논리적'으로 합치하는가를 실천적으로 확실한 가치명제로부터 심사하는 입장은 비록 방법상 우리와는 완전히 다른 출발점으로부터 시작하기는 하지만 이미 Peter Schneider, "Die Menschenrechte in staatlicher Ordnung", S. 83에 나타나 있다.

일관되게 구성할 수 있게 한다. 또한 전제들로부터 도출된 결론에 비추어 체계의 내재적 구상을 방법적으로 모순 없이 해석할 수 있게 한다.

자유 법치국가는 최대한의 자유와 평등한 자유의 질서를 보장해야 하는 형성기능 이외에도 인간다운 삶 가운데 개인이 **보존**되고 사회가 **유지**되는 조건으로서 최대한의 안전과 평등한 안전을 보장해야 할 보호기능도 갖고 있다. 그렇다면 개인 및 사회가 인간다운 삶으로 발전할 수 있기 위한 조건인 인간존엄의 **헌법적 보장**의 경우와 마찬가지로 자유 법치국가의 보호기능의 경우에도 앞서 말한 체계적 구성과 모순 없는 해석이 가능할 수 있을까?

1. 법치국가를 통한 최대한의 안전과 평등한 안전: 인간다운 삶을 위한 개인의 보존조건

지금까지 우리는 **인간의 존엄**이라는 명제를 해석하면서 개인의 **윤리적 자기결정**을 최대한으로 **보장**하며 **사회적 이성**을 최대한으로 **활용**하도록 만들기 위한 질서인 법치국가의 요건과 목표를 **규범적 전제**로 삼았다. 그렇다면 이러한 규범적 전제는 자유 법치국가가 **최대한의 자유와 평등한 자유**의 질서를 통해 수행하는 **자유허용**의 기능뿐만 아니라, **최대한의 안전과 평등한 안전**의 질서를 통해 마련하고자 하는 **자유제한**의 기능을 정당화하는 경우에도 유용한 전제가 될 수 있을까? 인간은 윤리적 자기결정에 대한 정신적 독자성을 가지고 자신의 이성을 사용하는 경우에도 부지불식간에 자기에게 부여된 최대한의 자유와 평등한 자유의 내용과 한계를 침범할 수 있다. 더 나아가 인간은 의식적이고 의도적으로 자기에게 부여된 **개**

인적 자유를 남용하여 타인의 자유와 권리를 침해하기도 한다. 이와 같은 인간의 속성은 우리가 여기서 전제하고 있는 '인간존재'의 '성격' 자체에 기인한 것이다.

이러한 사실의 존재론적, 인간학적 근거는 바로 **인간이 적어도 네 가지 방식으로 자신의 자유를 행사할 수 있다는 점**에 있다. 첫째, 인간은 **순수한 자의**에 따라, 즉 의욕 그 자체 이외에는 어떠한 원인도 없이 그저 의욕하는 대로 자신의 자유를 행사할 수 있다(내가 의욕하기 때문에 의욕한다!).[148] 둘째, 인간은 **감각적 자의**에 따라, 즉 **성향과 욕망**을 '원인'으로 삼는 의욕에 따라 자유를 행사할 수 있다(내가 욕망하기 때문에 의욕한다!).[149] 이러한 성향과 욕망은 인간을 쾌(快)와 **불쾌**(不快)의 **관점**에서 세계를 체험하는 감각적 존재로 규정한다. 셋째, 인간은 **오성적 의욕**에 따라, 즉 **이익** 또는 **손해**를 **목적합리적 근거**로 삼는 의욕에 따라 자신의 자유를 행사할 수 있다(그것이 나에게 유용하기 때문에 의욕한다!).[150] 이 이익 또는 손해에 따른다면 인간은

---

148 이 순수한 자의는 칸트가 의지의 소극적 자유라고 불렀던 인간능력(이에 관해서는 예컨대 *Metaphysik der Sitten*, S. 23 이하 참고), 즉 의욕에 대한 모든 감각적 결정근거(또한 오성적 결정근거와 이성적 결정근거까지 포함하여)로부터 벗어날 수 있는 인간능력에 존재론적, 인간학적 근거를 두고 있다.

149 이 감각적 자의는 자율적으로 결정되는 것이 아니라 감각적(또는 동물적) 본성이라는 '본능적 결정근거'에 의해 (칸트적 의미에서) 타율적으로 결정되는 것(이에 관해서는 *Metaphysik der Sitten*, S. 20 이하 참고)으로서 의지의 소극적 자유에 의해 실현되지 않으며, 따라서 "내가 의욕한다!"라는 '감각적 본능'의 인과성에 따른 의지결정에 내맡겨져 있다.

150 칸트에 따르면 감각적 자의는 본질적으로 구별되는 이 **오성적 의욕**도 '본능적 결정근거', 즉 '애호(愛好)와 혐오(嫌惡)'라는 관점에서 벗어날 수 없다고 한다. 따라서 오성적 의욕은 이성적 존재의 예지적 결정근거에 속하지 않는다. 그럼에도 불구하고 자신의 행위를 순전히 목적합리적으로 결정할 수 있는 인간의 이 오성 능력은 의욕의 비합리적('감각적') 결정과

오로지 **타산성**과 **유용성**의 관점에서 세계를 계산하는 '**오성주체**'로 규정된다. 넷째, 인간은 **이성적 의욕**에 따라, 즉 **원칙**과 **규범**을 **가치합리적 근거**로 삼는 의욕에 따라 자유를 행사할 수도 있다(내가 그것을 정당하고 선한 것으로 여기기 때문에 의욕한다!).[151] 이러한 원칙과 규범에 따른다면 인간은 **법**과 **윤리**라는 포괄적 관점에서 세계를 해석하는 **이성주체**로 규정된다.

개인이 자신의 자유의 한계를 넘어서고 그리하여 타인의 자유를 침해하는 것은 이 네 가지 자유의 행사방법 가운데 그 어느 것에 의해서도 가능하다. 이 점은 **이성존재**로서의 각 개인이 자신의 이익이나 손해뿐만 아니라, 다른 모든 사람들의 이익과 손해를 포괄

가치합리적('이성적') 결정과는 구별되는 것으로서 존재론적, 인간학적으로 볼 때 독자적인 방식의 자유의 활동이라는 점에는 의문의 여지가 없다. 따라서 법률의 형벌위협을 수단으로 행위자에게 그가 "범죄를 저지를 가치가 있는지"를 계산해 보도록 하는 경우, 그것은 쾌와 불쾌를 고려(이는 그야말로 순간의 생각에 사로잡히게 된다)하는 감각적 존재로서의 인간이 아니라, 이익과 불이익을 비교형량하는 오성 주체로서의 인간에게 영향을 미치고자 하는 것이다.

151 그래서 칸트는 "보편적으로 행동하라!"라는 정언명령까지도 우리가 **이성적으로 의욕**하기 위해 따라야 할 원칙으로 제시하고 있다. 이와는 달리 보편성이라는 수직적 관계에 선행하는 의욕의 수평적 관계는 황금률에 따른 상호성으로부터 도출된다. 물론 황금률이라는 표현은 칸트의 「도덕형이상학」에는 등장하지 않는다. 그러나 실질적으로는 여기저기에 '평등'이라는 표현이 이러한 의미로 쓰이고 있다. 예컨대 칸트는 평등에 대한 생래적 권리를 "어느 누구도 **상호적으로** 구속될 수 있는 것 **이상으로 타인에 의해** 구속받지 않을 독립성"이라고 정의하고 있다(Kant, *Metaphysik der Sitten*, S. 43 - 강조표시는 지은이). 모든 사회윤리의 이 두 가지 근본원칙 — 일치된 견해에 따르면 인간의 고도의 문화에서 이성적 의욕은 바로 이러한 원칙에 의해 결정된다 — 에 관해서는 Maihofer, *Vom Sinn menschlicher Ordnung*, S. 86 이하[한국어판 117면 이하] 참고. 또한 '법원칙으로서의 황금률'에 관해서는 Günter Spendel, "Goldene Regel als Rechtsprinzip", in: *Festschrift für Fritz von Hippel*, 1967, S. 491 이하 참고.

적으로 감안하여 **최고의 선의지와 최선의 양심**에 따라 행동하는 경우에도 마찬가지이다. 즉 개인이 '정당하고' '선하다'고 (잘못) 생각한 것을 행했지만, 실제로는 자신의 자유의 내용과 한계를 위반하는 오류를 범할 수 있다.[152]

이처럼 자신의 자유의 한계를 뛰어넘게 됨으로써 개인은 타인의 **발전**조건, 즉 타인의 **윤리적 자기결정**에 따른 자유를 직접적으로 침해한다. 더 나아가 자신의 자유를 남용하여 타인의 자유에 영향을 미치게 됨으로써 윤리적 자기결정에 따른 인간다운 삶의 전제가 되는 타인의 **보존**조건(즉 타인의 생명, 건강, 명예, 재산 등)까지도 침해하게 된다.

따라서 자신의 자유의 한계를 뛰어넘거나 자유를 남용하는 개인의 행동은 침해를 당하는 **타인의 입장**에서 보면 그 타인의 **삶의 발전조건(자유)에 대한 위협과 침해라는 반가치**일 뿐만 아니라, 타인의 **삶의 보존조건에 대한 위협과 침해라는 반가치**이기도 하다. 삶의 보존조건은 생명이나 건강처럼 그것이 상실되었을 때는 간접적으로 윤리적 자기결정에 따른 인격의 자유로운 발현까지도 침해된다. 따라서 이러한 가치에 대한 위협과 침해는 타인의 개인성에 의한 자발성에 따라 그의 자유를 행사할 수 있는 가능조건을 박탈하는 것이며 또한 자기 자신을 목적으로 삼고 자기 자신을 규정하는 존재로서

---

152 물론 칸트에서처럼 어떠한 착오도 일으키지 않는 선험적이고 예지적 양심을 전제할 때는 자유의 내용과 한계를 위반할 가능성은 배제된다. 그러나 황금률과 정언명령이라는 정당하고 선한 행동의 이성원칙을 적용하는 경우와 같이 '이성을 사용'하는 경우라 할지라도 후험적이고 경험적인 양심에서 출발한다면 그렇지 않다. 바로 이 점에서 사실적 측면과 가치적 측면을 이데올로기적으로 위장하고 왜곡함으로써 그 자체 '이성적인 인간'이 착오를 일으킬 가능성은 수없이 많이 존재한다.

의 인간의 존엄성을 박탈하는 것이다.

이와 같이 타인의 관점에서 본다면 기본법 제1조 제1항이 규정하고 있는 **인간존엄의 헌법적 보장**은 개인의 발전을 위한 기본적인 조건을 보장하는 것일 뿐만 아니라, 개인의 인격성의 모든 측면과 차원, 즉 모든 현실의 구체적 인간이 갖고 있는 **개별성, 사회성, 인간성**이 온전히 보존되기 위한 기본적인 조건을 보장하는 것이기도 하다. 다시 말해 인간존엄의 헌법적 보장은 자기존재로부터 인간존재로 완성되어 가는 '로서의 존재'의 보존조건을 보장하는 것이기도 하다.

그러므로 '목적 그 자체'인 타인의 존재가능성의 기본조건이 침해되고 배제되는 경우에도 곧바로 타인의 **인간존엄에 대한 침해**가 된다. 왜냐하면 이러한 존재가능성의 조건은 타인이 자신의 인격의 모든 측면과 차원에서 자기 스스로에게 귀속되고 자기 자신을 처분하는 존재, 즉 한 개인으로서 살아가기 위한 기본전제가 되기 때문이다.

그렇기 때문에 타인에 대한 억압과 예속에 의해 발생하는 **인간존엄의 침해** ― 그것이 개인이나 사회에 의한 것이든 또는 국가에 의한 것이든 ― 는 **인간존엄의 헌법적 보장**의 보호영역과 직접적으로 관련을 맺는다. 모든 사람은 다른 사람들에 대해 **자신의 인간존엄을 침해하지 말라고 요구할 수 있는 권리**를 갖고 있고, 따라서 이러한 권리에 대한 근본적인 침해는 인간존엄의 헌법적 보장의 핵심영역을 건드리게 된다. 그러므로 그 자체 '침해할 수 없는' 인간의 존엄을 침해하여 이러한 존중의 권리가 침해된다면 이는 ('모든 국가권력'을 포함한) 모든 사람에게 지향된 **부작위명령**의 위반에 그치지 않고 '모든 국가권력'에 지향된 **작위명령**까지도 위반하는 결과가 된다. 왜냐하면 모든 국가권력은 자신에게 허용된 법적 및 권력적 수단을 모두 동원하여 국가적 영역에서 발생하는 위반뿐만 아니라 국가 외적인 영역에서 발생하는 위반(강자나 사회 내의 집단에 의한 침해)까 지도 방지해야 할 의무가 있기 때문이다.

그러므로 인간존엄의 보장은 우리의 자유적 체제 전체에서 **원칙 규범**으로서의 위상과 기능을 갖는다. 또한 인간존엄의 보장은 민법, 형법, 공법 등에 의해 **권리를 보호하고 권리를 부여해야 할 국가권 력의 명백한 법적 의무**가 없는 곳에서도 그리고 성문 또는 불문의 '법' 자체가 **인간의 존엄을 존중하고 보호해야 할 국가의 의무**에 반하는 경우에도 국가에게 인간존엄의 **보호기능**을 부과하고 있다.

이렇게 볼 때 인간존엄의 헌법적 보장은 사실상 기본권체계의 **권리목록** 가운데 **최고의 인권**이며 **헌법체계**의 조직원칙 내에서 **최고 의 기본원칙**이라는 위상과 의미를 가질 뿐만 아니라, 법체계 전체 의 규범 가운데 **궁극적인 근본규범**의 위상과 의미를 갖는다고 할 수 있다.

따라서 국가에 의해 제정된 법, 사회에서 형성된 법 그리고 개인 들 사이에서 만들어진 법 등 모든 법의 (단순한 형식적 효력이 아닌) **실질적 타당성**은 궁극적으로는 이 근본규범에 따라 규정되고 평가 되어야 한다. 즉 제정법, 법관법, (좁은 의미의) 관습법, 계약법 등 모든 법은 **인간의 존엄이라는 궁극적인 유보**하에 놓여 있다. **법치국가 에서 모든 법의 실질적 타당성**은 바로 인간의 존엄에 달려 있는 것이 다. 그렇기 때문에 법의 형성과 집행은 인간 사이의 모든 행동과 상태와 관련하여 **인간의 존엄을 존중하고 보호하라는 명령에 절대 모 순되어서는 안 된다.**[153]

따라서 어떠한 **행동**이나 어떠한 **행위규범**에 의해서도 **인간존엄의**

본질적 내용이 침해되어서는 안 된다. 그 때문에 기본법 제1조는 법을 수단으로 삼아 국가가 형성하고 관철시키는 모든 질서에서 **인간존엄의 본질적 내용을 보장**하는 기본적 규정이라고 할 수 있다.

법을 수단으로 삼는 국가는 **최고의 인권**으로서의 인간존엄을 헌법적으로 보장함으로써 다른 개인이나 사회 또는 국가권력 자체에 의한 **인간존엄**의 침해를 방어하여 인간존엄의 본질적 내용을 **직접적**으로 보호하고자 한다. 이뿐만 아니라 국가는 생명권이나 신체를 훼손당하지 않을 권리(기본법 제2조 제2항)와 같은 좁은 의미의 인권 및 집회의 자유나 결사의 자유(제8조, 제9조)와 같은 넓은 의미의 시민권을 헌법적으로 보장함으로써 인간존엄의 본질적 내용을 **간접적**으로 보호하고자 한다. 또한 민법, 형법, 공법 등의 법을 통해 보호되는 가장 넓은 의미의 권리, 즉 이른바 법익을 보호함으로써 국가는 인간존엄의 본질적 내용을 간접적으로 보호하고자 한다.

이처럼 법을 수단으로 국가가 보장하는 **법익보호**에 의해 개인을

---

153 라드브루흐는 "제정과 힘을 통해 확보된 실정법은 설령 그 내용이 부정당하고 합목적성이 없을지라도 일단은 우선권을 가진다. 그러나 실정법의 정의에 대한 모순이 참을 수 없을 정도에 이르러 '부정당한 법'인 법률이 정의에 자리를 물려주어야 할 때는 그렇지 않다(Radbruch, "Gesetzliches Unrecht und übergesetzliches Recht", in: *Süddeutsche Juristenzeitung*, 2. Jahrgang 1947, S. 107)"고 말한다. 이 논문에서 라드브루흐가 제시하고 있는 예는 그가 다루고 있는 참을 수 없는 부정의의 실질이 다름 아니라 인간존엄의 침해라는 사실을 분명히 보여 주고 있다. 즉 참을 수 없는 부정의란 '인간을 인간 이하로 취급하는' 법률을 통해 모든 인간에게 귀속되는 자유와 안전에 대한 평등한 권리를 말살하는 것이다. 그러나 라드브루흐 자신의 형식적 정의개념(이에 관해서는 Radbruch, *Rechtsphilosophie*, 5. Aufl., 1956, S. 125 이하 참고)에 따르면 이러한 실질적 부정의 개념은 오로지 인권 및 인권 자체의 기초가 되는 인간의 존엄을 명시적(예컨대 Radbruch, "Fünf Minuten Rechtsphilosophie", ebd., S. 336) 또는 묵시적으로 관련시킬 때만 획득할 수 있다.

타인의 자유남용으로 인해 발생할 수도 있는 인간존엄에 대한 위협과 침해로부터 보호함으로써 간접적으로는 개인이 **인간의 존엄**을 누리며 보존될 수 있는 조건까지도 보장되는 것이다. 왜냐하면 생명, 건강, 명예, 재산 등과 같은 보존조건에 대한 침해는 개인으로 하여금 정신적 독자성과 윤리적 자기결정에 따라 인간다운 삶으로 발전하는 것을 전면적 또는 부분적으로 불가능하게 만들어서 간접적으로는 인간의 존엄을 침해하기 때문이다.

그럼에도 불구하고 우리는 그와 같은 침해를 언제나 상해, 명예훼손, 소유권침해 등과 같은 **인간의 권리에 대한 침해**라고 말하지 결코 **인간의 존엄에 대한 침해**라고 말하지는 않는다. 그러나 이미 우리가 사실로서의 인간의 존엄과 규범으로서의 인간의 존엄과 관련된 서론의 고찰에서 알 수 있었던 것처럼 **타인**(다른 개인이나 사회집단 또는 국가권력)**에 의한 권리침해 가운데는 인간의 존엄과는 도저히 양립할 수 없는 종류의 것도 있다**. 즉 폭력이나 술책을 수단으로 삼아 권리를 침해하는 데 그치지 않고, 한 개인을 방어할 수 없거나 예측할 수 없는 상태에서 타인의 목적을 위한 **수단**으로 전락시키고, 개인을 도울 수 없거나 속수무책인 가운데 타인의 자의의 **객체**로 삼는 경우에는 인간의 존엄에 대한 침해라고 할 수 있다.

따라서 우리는 언어상으로도 좁은 의미의 **인간의 존엄에 대한 침해**와 넓은 의미의 **인간의 권리에 대한 침해**를 구별해야 한다. 즉 전자는 기본법 제1조에 규정된 인간존엄의 **헌법적 보장에 따른 보호기능**에 의해 직접 포괄되는 반면, 후자는 개인이 **인간다운 삶을 누리도록 보존되기 위한 조건**(따라서 간접적으로는 인간의 존엄 자체와도 관련된다)을 침해하는 것으로 민법, 형법, 공법 등 **법질서의 보호규범**에 의해 포괄된다. 그러므로 우리는 좁은 의미에서 기본법 제1조 제1항에 규정된 **인간의 존엄에 대한 침해**라고 말할 수도 있고, 넓은 의미에서 **인간다운 삶의 조건에 대한 침해**라고 말할 수도 있다. 후자의 경우는 기본법 제2조 제1항이 **개인을 위한 자유허용과 타인을 위한 자유제한의 경계선**으로 명백히 언급하고 있는 '타인의 권리'에 대한 침해라고 할 수 있다.

이제 우리는 인간의 존엄에 기초한 **법치국가 이론**과 관련해서 다음과 같은 두 가지 결정적인 물음 앞에 서게 되었다. 첫째, 자유 법치국가에서는 어떠한 (단순히 사실적이 아닌) **규범적 전제**로부터 모든 사람의 **자유에 대한 제한**이 **자연적 필연성**이 아니라 **윤리적 필연성**으로 정당화될 수 있을까? 둘째, 최대한의 자유와 평등한 자유의 발현질서의 보장뿐만 아니라, 최대한의 안전과 평등한 안전의 질서의 보장까지도 목표로 삼는 자유 법치국가에서는 **자유허용과 자유제한의 한계** 및 개인의 자유와 타인의 불안전의 한계 그리고 타인의 안전과 개인의 부자유의 한계가 어떠한 **규범적 원칙**에 따라 결정되는 것일까?

지금까지 우리의 규범적 전제에 따르면 인간은 원칙적으로 윤리적 자기결정의 자유를 부여받은 존재로 전제되었다. 그렇다면 자유 법치국가에서는 국가가 법을 수단으로 삼아 윤리적 자기결정의 자유를 다양하고 지속적으로 침해한다는 사실을 어떻게 이해하고 설명해야 할까?

이미 칸트가 말한 것처럼 '무제한의 자유를 가진 인간'을 '강제상태'에 들어가도록 하는 '자연적 필연', 즉 "인간들이 서로 결합하고 자연적 자유에 따른 성향들이 더 이상 존재할 수 없도록 만드는 최대의 필요성"이 이러한 자유침해의 충분한 근거라고 할 수 있을까?[154] 또한 국가조직과 법질서는 긴급질서로서 모든 수단과 방법을 가리지 않고 **어떠한 대가를 치르더라도**, 최초의 위대한 법치국가 이론가인 토마스 홉스가 말하는 **만인의 만인에 대한 투쟁**을 종식시키고 **평화**를 창출한다는 사실 때문에 국가조직과 법질서가 필요한 것일까?[155]

아니면 법을 수단으로 삼아 국가가 최대한의 안전과 평등한 안전을 보장하는 문제는 **인간들 사이의 투쟁**을 종식시키는 문제와는 완전히 다른 방법으로 해결되어야 할까? 즉 **인간들 사이의 대립과 경쟁**을 완전히 종식시키지 않고서도 최대한의 안전과 평등한 안전의 질서를 어떻게 보장할 수 있는 것일까? **안전국가**로서의 **법치국가**는 칸트가 최대한의 자유와 평등한 자유의 질서를 인간과 사회가 발전하기 위한 조건으로 보았던 **자유국가**로서의 법치국가가 보장하는 것을 배제하는 것은 아닐까? 또한 자유 법질서와 국가구조에서

---

154 Kant, *Idee zu einer allgemeinen Geschichte in weltbürgerlicher Absicht*, S. 40. 칸트의 경우 '합법적 자유'의 질서는 결코 단순한 보존질서로서가 아니라, 언제나 동시에 발전질서로서, 즉 시민적 결합의 '틀'로서 설정되고 정당화된다. 오로지 이러한 틀 속에서 "비로소 인간의 성향이 가장 잘 작용할 수 있다. 이는 마치 숲속에 있는 나무들이 다른 나무에게서 공기와 햇볕을 빼앗으려고 함으로써 서로 자기가 더 많은 공기와 빛을 얻으려고 의욕하면서도 아름다운 숲의 모습을 유지하는 것과 같다(ebd., S. 40)."

155 근대국가 이론가로서의 토마스 홉스에 관해서는, Helmut Schelsky, "Die Totalität des Staates bei Hobbes", in: *Archiv für Rechts- und Sozialphilosophie*, Band 31(1938), S. 176 이하와 Carl Schmitt, *Der Leviathan in der Staatslehre des Thomas Hobbes*, 1938 참고. 이 두 저작은 홉스의 안전국가를 권력국가로 파악하고 있다. 그러나 Christian Graf von Krockow, *Soziologie des Friedens. Drei Abhandlungen zur Problematik des Ost-West-Konfliktes*, 1962, S. 15 이하에서는 홉스의 국가이론을 철두철미 근대적 법치국가 이론으로 해석하고 있다. 홉스에 대한 변화무쌍한 해석의 역사에 관해서는 리바이어던의 독일어 번역판을 감수한 이링 페처(Iring Fetscher)가 쓴 서문을 참고.

안전의 문제는 자유의 문제와 마찬가지로 자연적 전제와 목표가 아닌, 윤리적 전제와 목표, 즉 **인간의 존엄이라는 규범적 전제**에 기초할 때만 인간의 존엄에 걸맞게 해결될 수 있는 것은 아닐까? 어떻게 **법치국가에서 안전의 문제를 인간의 존엄에 부합하도록 정당하게 해결**할 것인가라는 물음에 대한 대답은 칸트의 철학에서는 찾아볼 수 없다. 그렇다면 우리는 국가의 이러한 측면을 자신의 법사상과 국가사상의 중심으로 삼았던 홉스에게서 이 물음에 대한 대답을 구해야 하지 않을까? 이 두 위대한 법치국가 이론가들을 대비시킴으로써 비로소 자유국가이자 안전국가로서의 법치국가의 모든 문제가 자유와 안전이라는 인간의 문제 자체에 기인한 두 가지 출발점으로부터 완전히 밝혀질 수 있지 않을까?

기존의 통속적인 해석과는 달리 사실 홉스는 훗날의 칸트와 마찬가지로 인간을 비사교적 사교성이라는 근원적인 모순을 가진 존재로 파악했다. "인간은 인간에 대해 신인 동시에 인간은 인간에 대해 늑대이다(homo homini deus et homo homini lupus)"라는 표현은 홉스가 모든 인간에 내재하는 신적인 가능성과 동물적 가능성을 모두 파악하고 있었음을 보여 준다.[156] 홉스에게 "인간은 인간에 대해 신이다"와 "인간은 인간에 대해 늑대이다"라는 두 명제는 모두 진리이다. 즉 인간이 시민상태(status civilis)를 이룩하여 '시민 상호 간'의 관계가 국가에 의해 조직되고 법이 지배하는 상태에서는 첫 번째 명제가 진리로 입증된다. 또한 두 번째 명제는 인간이 자연상태(status naturalis)에 빠져 어떠한 상위의 권력도 존재하지 않은 채 폭력이 지배하는 상태에서는 진리로 입증된다. 이러한 자연

---

156 이는 홉스가 자신의 저작 「시민에 관해(De cive)」의 헌사에서 분명히 밝히고 있다(Hobbes, *Vom Bürger*, Ausgabe Gawlick, 1959, S. 59).

상태는 오늘날도 그렇듯이 '국가 상호 간'의 관계에서도 지속되고 있다고 홉스는 생각했다.[157]

따라서 국가의 과제는 바로 인간의 동물적 속성을 통제하고 그럼으로써 신적 속성 또는 **가장 인간다운 속성**이 발현될 수 있는 조건을 창출하는 것이다. 그렇기 때문에 **인간의 보호를 위해 국가가 요구하는 복종**은 국가에 기인한 것이 아니라, 바로 인간의 인간성 자체에 기인한 것이다. 홉스의 견해에 따르면 이러한 인간의 인간성은 국가를 통한 안전과 질서가 없이는 유지될 수 없다고 한다.

칸트의 경우 법치국가는 **인간의 발전질서**로서 모든 사람의 최대한의 자유와 평등한 자유라는 불가결의 조건으로부터 파악되고 해석된다. 이에 반해 홉스의 경우 법치국가는 **인간의 보존질서**로서 모든 사람의 최대한의 안전과 평등한 안전이라는, 자유 못지않게 중요한 조건으로부터 파악되고 해석된다. 다시 말해 국가에 대한 복종은 인간의 자기보존에 존재론적, 인간학적 근거를 두고 있다. 이

---

157 Hobbes, ebd. 또한 홉스의 저작 「리바이어던[*Leviathan oder von Materie, Form und Gewalt des kirchlichen und bürgerlichen Staates*, Ausgabe der lateinischen Fassung in Übersetzung durch J. P. Mayer (Rascher Verlag), 1936]」에서도 "만일 제한적 권력이 없다면 인간의 상태는 … 만인의 만인에 대한 투쟁상태일 것이다"라고 말하고 있다. 바로 이러한 사실로부터 다음과 같은 두 가지 점이 도출된다. 첫째, 오늘날까지도 국가 상호 간의 관계가 그렇듯이 '제한적 권력'을 통한 실효성 있는 '합법적 자유'의 질서가 없는 곳에서는 만인에 대한 만인의 투쟁이 지속된다. 둘째, 국가를 통해 법을 수단으로 규율되는 사회 내에서도 국가의 '제한적 권력'이 충분하지 못하거나 사물의 본성상 늦게 발동되는 경우 — 이는 우리로 하여금 공격행위자에 대한 자연상태로 되돌아가게 하는 모든 정당방위 상황에서 잘 알 수 있다 — 에는 그러한 투쟁상태가 발생할 수 있다.

때 인간의 자기보존은 홉스가 베이컨(Bacon)이나 훗날의 포이어바흐, 마르크스 등과 마찬가지로 인간의 신적 속성이라고 불렀던, 동물과는 구별되는 측면의 보존, 즉 윤리적 자기보존을 의미한다.

이와 같이 안전국가로서의 법치국가는 단순히 인간의 자연적 자기보존이라는 사실적 전제로부터가 아니라, 동물적 자연상태를 초월한 삶을 통해 인간의 존엄을 보존하기 위한 조건인 **윤리적 자기보존**이라는 **규범적 전제**에 근거하고 또한 이를 통해 정당화된다는 점은 이미 **자기보존의 기본권**을 기초로 국가의 개념과 구성을 밝히고자 하는 홉스의 출발점에서부터 분명히 드러나 있다.

국가의 목적은 바로 모든 사람의 자기보존의 **기본권**이다. 따라서 홉스의 경우에도 국가는 그 자체 목적으로 파악되는 것이 아니라, 개인과 사회의 자기보존이라는 목적을 위한 수단으로 파악된다. 홉스는 다음과 같이 말한다. "국가는 자기 자신 때문이 아니라, 시민 때문에 만들어진 것이다."[158] 국가는 결합된 '다수의 시민'을 국가목적으로 삼는다.[159] 국가는 단순히 추상적인 공동선(bonum commune)이 아니라, 시민의 복리(utilitas civium)에 봉사해야 한다. 따라서 국가는 시민의 보호를 보장하고 평화를 수립하여 시민들이 인간다운 삶을 누리는 가운데 스스로를 완성할 수 있게 해야 한다. 이러한 상태에서는 인간이 '인간에 대한 늑대'로 전락하거나 변질되지 않고, 진정 '인간에 대한 신'이라는 사실을 보여 줄 수 있다. 그러므로 '국가가 만들어질 때' '평화와 보호'가 '보편적인 궁극목

---

158 Hobbes, *Vom Bürger*, S. 205.
159 훗날 칸트가 국가를 "다수의 인간들이 법률 아래 결합된 것"이라고 정의한 것(*Metaphysik der Sitten*, S. 135)은 홉스의 견해와 매우 비슷하다. 물론 국가에 대한 칸트의 이 개념정의는 홉스의 경우와는 달리 국가목적에 대한 규정과 관련이 없다.

적'으로 선언된다면 인간의 존엄에 상응한 '상태'에서 **인간의 윤리적 자기보존**이 이루어지도록 하는 것도 **국가의 목적**이라고 할 수 있다.[160] 이런 의미에서 홉스는 "생명의 안전뿐만 아니라, 모든 시민들이 국가의 불이익이나 위험이 없이 합법적으로 획득하고 소유할 수 있는 안락함"도 평화수립과 보호를 통한 시민의 복리증진에 관련되는 것이라고 한다.[161] 즉 인간 그 자체에 기인하는 국가목적에 비추어 볼 때 법적 안정성의 국가로서의 법치국가에서 중요한 것은 단순히 생명의 보존이 아니라, 인간이 인간다운 삶을 누리는 가운데 보존되는 것이다.

따라서 최대한의 안전과 평등한 안전의 질서를 통한 국가의 **보호기능**의 보장은 국가의 정당화의 핵심이 된다.[162] 왜냐하면 국가가 **시민을 보호하는 기능**을 수행한다는 사실로부터 **시민의 국가에 대한 복종의 근거**뿐만 아니라, 그 **한계**까지도 도출되며 여타의 모든 국가의 기능 역시 여기에 포섭되기 때문이다.

그럼에도 불구하고 칼 슈미트(Carl Schmitt)는 이러한 보호기능이 제대로 수행되는지 여부를 자기목적으로 파악한다. 그는 홉스에 대한 결단주의적 해석에 기초하여 다음과 같이 말한다. "보호기능이 수행되면 국가는 나의 육체적 생존의 안전을 보장한다. 이를 위해 국가는 보호기능을 수행하는 법률에 대해 무조건적으로 복종할 것을 요구한다. 여타의 모든 논쟁은 결국 인간의 육체적 생존이 보장되지 않는 '국가 이전의' 불안정의 상태를 불러일으킨다. 왜냐하

---

160 Hobbes, *Leviathan*, S. 247.
161 Hobbes, *Leviathan*, S. 339 이하.
162 바로 이 점에서 비로소 '보호와 복종의 상호관련성'이 도출된다. 크리스티안 폰 크로코도 칼 슈미트와 같이 이러한 상호관련성을 '국가구성의 핵심'으로 파악하고 있다(von Krockow, *Soziologie des Friedens*, S. 15).

면 **법과 윤리를 원용**하는 것은 평화를 창출하는 것이 아니라, **투쟁을 격화시키기** 때문이다. 물론 각자는 법과 진리가 자기편에 있다고 주장할 수 있다. 그러나 자기가 옳다고 하는 주장이 평화를 가져오는 것이 아니라, **투쟁을 종식시키는 데 확실하게 기능하는 법률적인 강제체제의 확고부동한 결단**이 평화를 가져온다."[163]

이처럼 홉스의 사상을 **어떠한 대가를 치르더라도 평화를 확보하고 모든 수단을 동원하여 안전을 도모**하며 자유를 희생해서라도 안전을 보장하라는 요청으로 해석한다면 홉스의 사상은 분명 권력국가 사상이라고 할 수 있다. 그러나 이러한 해석은 홉스의 사상을 하나의 법치국가 이론으로 생각하는 우리의 입장과는 완전히 반대되는 것이다.

크리스티안 그라프 폰 크로코(Christian Graf von Krockow)가 밝히고 있듯이 일차적으로 인간다운 삶의 보존의 확실성을 목표로 하는 법치국가에서는 시민의 기본권은 단지 **자기보존의 권리**로 여겨지며, 따라서 국가에서는 "모든 시민은 국가의 주권자, 즉 최고 권력의 소유자에게 복종해야 한다는 기본법(lex fundamentalis)"만이 타당하게 된다.[164]

자유국가가 아닌 **안전국가**로 파악된 법치국가에서는 국가의 합법성은 법의 진리성에 근거하는 것이 아니라, 모든 사회적 권력보다 국가의 권력이 우월하다는 사실에 근거한다. 즉 홉스의 유명한 표현처럼 "진리가 아니라 권위가 법을 만든다!(auctoritas, non veritas, facit legem!)"[165] 그러나 국가에 앞서는 **자기보존의 인권**에 기

---

163 Carl Schmitt, *Der Leviathan*, S. 113.

164 Christian Graf von Krockow, ebd., S. 17.

165 이에 관해서는 von Krockow, ebd., S. 17 참고. 따라서 홉스가 "퇴폐적

초한 국가에서 **정당성**은 오로지 이 국가가 국가구성원인 시민과 국가에 복종하는 신민들을 위해 **보호기능**을 실제로 수행하는지 그렇지 않은지에 달려 있다는 점은 논리적으로 볼 때 명백하다.

과거의 가톨릭이나 프로테스탄트 국가신학은 국가를 '신의 은총에 따른 관헌'으로 **정당화**했고, 마키아벨리의 순수한 세속적 국가학은 지배자의 은총에 따른 관헌, 즉 **지배자의 목적을 위한 순수한 수단**으로 정당화했다. 이러한 국가 정당화와는 완전히 달리 홉스는 국가를 오로지 **인간의 목적을 위한 수단**, 즉 시민과 신민의 자기보존을 위한 수단으로 파악한 최초의 학자였다. 따라서 시민은 국가가 **보호기능**을 수행할 수 있는 한에서만 국가에 복종할 의무가 있다. 그래서 홉스는 이렇게 말할 수 있었다. "지배자에 대한 시민의 의무는 지배자가 시민을 보호할 능력이 있는 동안만 지속된다. 왜냐하면 자기 스스로를 보호하려는 인간의 자연권은 다른 어느 누구가 자기를 대신해서 보호해 주지 못하는 한, 어떠한 계약에 의해서도 소멸될 수 없기 때문이다."[166]

인 학설로 국민에게 반국가적 정서를 선동하기 쉬운 모든 국가 외부의 반대세력"의 교육적 영향을 말살하고자 했던 의도는 국가 이전의 단계인 개인의 개인적 양심을 목표로 한 것이 아니었으며(이는 홉스의 정당방위권과 저항권에 관한 이론에서 분명히 드러난다) 또한 대학에서 행해지는 시민에 대한 학문적 가르침을 목표로 한 것도 아니었다(오히려 홉스는 대학을 '국가론의 진정한 기초'가 이루어져야 할 곳으로 생각했다: *Vom Bürger*, S. 209). 그가 말살의 대상으로 삼았던 것은 오로지 교회를 통한 종교적 가르침이었다. 비록 반종교적 반론이라고까지 할 수는 없지만 홉스의 모든 저작에서 관철되고 있는 이러한 반교권주의적 성향은 훗날 그가 권력이론가이자 국가절대주의자로 왜곡되게 된 결정적 원인 가운데 하나라고 할 수 있다. 홉스에 대한 이러한 편향된 시각은 독일의 전통적 국가이론에서도 오늘날까지 그대로 남아 있다.

166 Hobbes, *Leviathan*, S. 251.

법치국가에 관한 이러한 철학적 구상과 법적 구성은 **자기보존에 대한 인간의 권리**를 **규범적 전제**로 삼을 때만 그 자체 모순 없이 정당화될 수 있다. 훗날의 칸트 사상과는 달리 홉스에서는 국가의 모든 활동의 최고목적은 **인간의 윤리적 자기결정**의 권리가 아니라, 더욱 근원적인 **인간의 자기보존의 권리**이다. 국가는 법을 수단으로 삼아 이 자기보존의 권리를 보장함으로써 인간의 **자기발전의 권리**가 실현될 수 있기 위해 필수불가결한 조건을 마련한다. 그렇다면 법치국가에 관한 칸트와 홉스의 철학적 구상은 서로 대립되지만 그렇다고 서로 모순되지는 않고, 오히려 대립 가운데 통일성이 있으며 그 진정한 의미가 상호보완적으로 밝혀져야 하는 법치국가에 관한 법적 구성이라는 점에서 서로 관련을 맺는다고 할 수 있다. 더 나아가 이들의 철학적 구상은 자기발전과 자기보존의 양극성(따라서 변증법)의 대립된 극점이라 할 수 있다. 즉 우리가 최대한의 **자유와 안전** 및 평등한 **자유와 안전**의 질서로서의 자유 법치국가라고 부르는 것이 무엇인지는 이 양극이 동시에 고려되고 파악될 때 비로소 밝혀질 수 있다.

홉스가 자신의 법치국가이론의 전제로 삼고 있는 인간의 자기보존에 대한 권리는 결코 사실적인 전제가 아니다. 우리는 인격의 **윤리적 자기결정의 권리**에 대해 말하고 이를 개인의 인간으로서의 존엄으로부터 직접 도출해 내는 데에는 익숙해져 있다. 그러나 인격의 윤리적 자기보존의 권리에 대해 말하거나 이를 인간의 존엄에 기초한 것이라고 말하기를 주저한다. 하지만 인간의 자기보존은 우리가 사실상으로 마주치고 현실적으로 이미 주어진 것으로 전제해야만 하는 자연적인 본능에 불과한 것만은 아니다. 인간의 자기보존은 '인간을 목적으로 삼는' 모든 국가에서 법적으로 존중되어야 하고, 따라서 **규범적인 전제**로 삼아야 하는 윤리적 속성이다. 우리가 사실로서의 인간의 존엄에 관한 서론의 고찰에서 보았던 것처럼 인간의 존엄이 인간의 발전을 위한 기본조건과 **인간의 보존을 위한 기본조건**, 즉 생명, 신체, 명예, 재산 등의 불가침성을 함께 포괄하지 못한다면 인간의 존엄은 공허한 말에 불과하다.

만일 나의 자기귀속 가능성과 자기처분 가능성의 전제조건이 침해된다면 나는 어떻게 나 자신의 인격성을 가지고 나에게 귀속될 수 있으며, 어떻게 나에 대한 완전한 주권을 가지고 나를 처분할 수 있겠는가? 예컨대 나의 신체가 고통으로 신음하고 있다면 짐승과 같은 물리적 폭력의 타율성에 내맡겨진 그러한 '인격성'을 가지고 어떻게 '자유로운' 윤리적 자기결정이 가능할 수 있겠는가? 또한 협박과 폭력에 의해 의식이 흐려지고 고문을 받아 이성을 상실한 육체를 가지고 도대체 어떻게 '자유로운' 윤리적 자기결정이 가능하겠는가?

역사적 경험 ― 이는 앞으로도 국가와 인간에 관한 우리의 사상을 규정할 것이다 ― 을 거친 우리는 홉스가 살던 당시만큼이나 인간의 문제가 안고 있는 이러한 측면을 진지하게 느끼지 않을 수 없다. 따라서 칸트에 대한 신칸트학파의 해석과 같이 명백한 사실의 기반을 떠나 추상화를 통해 성립된 관념론적 인격성 개념은 이성적 존재(homo noumenon)로서의 인간의 예지적 성격과 감각적 존재(homo phaenomenon)로서의 인간의 경험적 성격을 불가분의 연관성하에서 변증법적 관계('인격성'과 '인간'의 변증법적 관계)로 파악하지 않고, 오히려 인간의 양 측면을 분리시킴으로써 윤리적 자기결정의 능력에 기초한 이성적 존재를 마치 모든 물질적 **가능조건**(생명과 육체)을 초월하는 초감각적 존재, 즉 '관념적인 인간'으로 오해하게 만들 위험을 안고 있다. 따라서 **실질적인 토대**와 실존적인 상부구조의 근본적인 변증법을 통해 체험되는 인간의 이중적인 본성은 상호작용 관계에 있다. 이러한 사실은 테러와 고문과 같은 한계상황에서뿐만 아니라, 우리의 일상생활의 근본상황에서도 분명하게 드러난다.

인간의 윤리적 자기결정의 **능력**이 **직접적**으로 침해되고, 이를 통해 이성을 사용함으로써 자기 자신을 정립하고 목적화하는 존재로서의 자유가 침해되는 경우뿐만 아니라, 자유의 능력을 사용하기 위한 **실존적** 가능성을 부여하는 실질적 전제조건이 파괴되어 이 능력이 **간접적**으로 침해되는 경우에도 인간의 윤리적 **자기보존**과 **자기발전**에 문제가 발생한다.

단순한 **자연적 자기보존 본능**(이는 동물도 갖고 있다)이 아니라 인간에게 부여된 **윤리적 자기보존의 권리**라는 **규범적 전제**를 고려할 때 비로소 국가에 대한 **저항권**에 관한 홉스의 광범위한 규범적 결론들을 이해할 수 있고 설명할 수 있다. 이러한 규범적 결론들은 현대 국가를 고대, 중세, 근대의 국가와는 원칙적으로 구별하게 해 주며 또한 오늘날의 법치국가 이론에서도 근본적인 척도로 남아 있다.

따라서 홉스의 사상은 **인간의 존엄을 헌법적으로 보장**하고 있는 기본법 제1조 제1항의 '해석되지 않은 테제'에 대한 해석과 마찬가지로 칸트가 말하는 인간의 윤리적 발전이라는 측면에서 파악되어서는 안 되며, 오히려 그 이면에 있는 인간의 윤리적 자기보존이라는 측면에서 파악되어야 한다. 홉스는 이렇게 말한다. "어느 누구도 어떤 계약을 통해 자신을 죽이거나 상해하거나 또는 여타의 침해를 하려는 사람에게 저항하지 않겠다는 의무를 부담할 수 없다."[167] 왜냐하면 "자신에게 과연 얼마만큼의 폭력이 가해질 것인지를 알 수 없으므로 어느 누구도 폭력에 대항하여 자신을 방어할 권리를 미리부터 포기할 수는 없기"[168] 때문이다.

이러한 **정당방위의 권리**는 다른 **개인** 또는 **사회**와 같은 타인에 의해 생명, 신체 또는 여타의 인권이나 법익이 침해될 위험에 처해 있을 때 행사될 수 있다. 더 나아가 인권이나 법익을 침해하는 국가권력, 즉 **국가** 자체에 대항하는 **저항권**이 행사될 수도 있다.

즉 국가 자체가 **폭력과 자의의 지배**로 변질되면 국가 자체를 포함한 어느 누구도 개인으로부터 국가의 조직화된 폭력 또는 국가가 용인하는 폭력에 대항하여 모든 법적 수단과 물리적 수단을 사용하여 저항할 권리를 박탈할 수 없다. 왜냐하면 이러한 저항권은 인간의 **윤리적 자기보존의 권리**에 기초한 권리이기 때문이다.

따라서 **인간**은 자신의 **존엄**을 유지하고 보존하기 위해 국가가 소극적으로 **보호기능**을 수행하지 않을 경우에는 국가에 대해 복종을 거부할 권리가 있다. 또한 개인의 보호를 최고 목적으로 삼으며, 모든 침해로부터 개인을 방어함으로써 시민의 윤리적 자기보존의 권리를 보호해야 할 국가가 오히려 적극적으로 시민의 권리를 침해할 때는 인간은 국가에 대해 **투쟁을 선언**할 권리를 갖는다.

국가 자체가 시민들에게 폭력과 자의를 사용하고 더 이상 법과 법률에 따라 시민들을 다스리지 않는 극단적인 위험이 존재하면 "각자는 자연권에 따라 필요한 수단과 위험의 정도를 스스로 판단해야 한다"고 홉스는 말한다.[169] 즉 각자는 한 인간으로서 불법적

---

167 Hobbes, *Vom Bürger*, S. 94.

168 Hobbes, *Leviathan*, S. 169.

169 홉스가 저항권의 행사 여부와 그 방법을 개인의 개인적 양심에 따르도록 한 이 결정적인 근거제시 ─ 홉스를 권력이론가라고 비판하는 사람들에게 이 점은 '홉스 자신의 모든 이론의 파괴'로 여겨질 수밖에 없을 것이다 ─

이고 비윤리적이며, 더 나아가 비인간적인 국가에 대항하여 윤리적 자기보존의 권리를 보호해야 할 것인지, 만약 보호해야 한다면 어떻게 보호해야 할 것인지를 스스로 판단해야 한다.

근본적으로 변경된 **시민과 국가의 관계**에 대한 도저히 간과할 수 없는 이 새로운 통찰은 법치국가를 인간을 초월한 또는 인간과는 무관한 목적을 위한 수단이나 매개체가 아닌, **인간의 목적을 위한 수단**으로 파악하는 홉스의 법치국가 이론에서 최초로 획득된 것이다. 이러한 통찰은 현대의 모든 국가관에서도 필수불가결한 것이다. 홉스의 법치국가 이론은 인간의 목적을 위한 국가의 원칙적인 (소극적) 보호기능을 정당화한다. 이러한 국가의 **보호기능**은 기본법 제1조의 헌법적 보장을 통해 '모든 국가권력'에 대해 인간의 존엄을 보호할 의무를 부과함으로써 국가원칙으로 고양되었다.

개인의 윤리적 자기보존의 조건을 **보호**해야 할 국가의 의무는 개인의 윤리적 자기발전의 조건을 존중해야 할 국가의 의무와 마찬가지로 인간을 국가의 중심으로 설정하는 것이다. 이미 홉스는 국가의 내적 관계를 **국가가 자신의 목적을 달성**하기 위한 단순한 수단으로 지배하는 **신민과 국가의 관계**로 파악하지 않고, 인간의 목적을 달성하기 위한 수단으로서의 국가가 봉사해야 하는 **시민과 국가의 관계**로 파악했다.

칸트 철학에서는 **최대한의 자유와 평등한 자유**의 질서로서의 법치국가를 통해 **개인의 윤리적 자기발전의 조건**을 보장하는 것이 국가의 목적으로 고양된 인간의 목적으로 전면에 부각된다. 이에 반해 홉스 철학에서는 **최대한의 안전과 평등한 안전**의 질서로서의 법치국가

에 관해서는 von Krockow, ebd., S. 47 이하 참고.

를 통해 **개인의 윤리적 자기보존의 조건**을 보장하는 것이 핵심이다. 국가의 원칙에 관한 이 두 가지 철학적 구상과 법적 구성은 한쪽은 정면을, 다른 한쪽은 그 이면을 파악하고 있기 때문에 **인간의 문제**의 한 측면만을 파악하고 있을 뿐이다. 그러나 이 두 측면은 발전질서이자 보존질서로 파악되는 **자유 법치국가**에서는 국가라는 문제의 두 측면이기도 하며 또한 불가분의 상호관련성을 맺고 있다. **인간과 국가의 모든 관계**가 법을 수단으로 삼아 하나의 질서 하에 놓이게 될 때 비로소 완전한 의미의 **법치국가**, 즉 **자유국가이자 동시에 안전국가**라고 말할 수 있다. 완전한 의미의 법치국가는 — 칸트가 말한 것처럼 — "자유의 한계가 가장 정확하게 규정되고 보장되는 가운데" 최대한의 자유와 평등한 자유가 보장되는 질서를 의미한다. 칸트의 이 말은 문제의 또 다른 측면, 즉 홉스가 말하는 안전국가로서의 법치국가의 측면도 묵시적이나마 함께 포함하고 있다.

따라서 우리는 여기에서 표명된 **자유 법치국가의 원칙**은 그 형태와 내용에 비추어 볼 때 인간의 문제의 두 가지 측면, 즉 인간의 **자기발전과 자기보존**을 포함해야 하며, 인간을 목적으로 삼아야 할 의무를 부담하고 있는 국가는 자기발전과 자기보존이 가능할 수 있는 조건을 보장해야 한다는 사실을 인식하게 되었다. 그렇다면 이러한 사실은 최대한의 **자유**와 평등한 **자유**의 질서를 통한 **개인과 사회의 발전**에 대해서와 마찬가지로 최대한의 안전과 평등한 안전의 질서를 통한 **개인과 사회의 보존**에 대해서도 타당한 것일까? 그러한 **사회질서**는 어떠한 원칙에 따라 법을 수단으로 국가를 통해 형성되고 집행되어야 하는 것일까?

우리가 자유라는 하나의 입장과 안전이라는 반대 입장을 통합시켜 법치국가의 진정한 의미를 인식하게 되었던 두 개의 위대한 법치국가 사상은 그 자체 지금까지도 해결되지 못할 만큼 패러독스와 아포리아를 포함하고 있는 것은 아닐까? 최대한의 안전과 평등한 안전의 질서라는 원칙에 따르는 자유 법치국가는 동시에 최대한의 부자유와 평등한 부자유의 질서인 것은 아닐까?

부자유를 통한 안전에 대한 요청은 언제나 **자유의 불안정성**을 근거로 내세우지 않았던가? 도대체 자유 법치국가와 비자유 법치국가를 구별할 수 있게 만드는 것은 무엇일까? 우리가 무제한의 자유가 허용되는 완전한 무정부상태(비국가)라는 한 극단과 무제한의 부자유가 횡행하는 전체주의 국가(권력국가)라는 다른 한 극단을 법치국가에 관한 우리의 고찰에서 일단 배제한다면, **자유와 부자유의 한계**를 긋는 **원칙과 척도**를 통해 **자유 법치국가**에서 법을 수단으로 삼아 국가에 의해 행사되는 강제는 '정당하고' '윤리적'이라고 정당화될 수 있음은 분명한 사실이다. 이는 바로 다음과 같은 점을 주장하는 것이다. 즉 자유 법치국가는 **목적합리적**으로 평온과 '평화', 안전과 '질서'를 보장할 수만 있다면 정당하고 좋은 질서라고 여겨지는 자유의 질서를 목표로 삼는 것이 아니라, **가치합리적**으로도 정당하고 윤리적으로도 정당화될 수 있는 특정한 자유의 질서를 목적으로 한다는 점이다. 칸트가 말하는 '완벽하게 정당한 시민헌법'의 문제는 단순히 질서의 문제가 아니라 정의의 문제이다. 이것은 무슨 의미일까? 또한 이 문제는 어떻게 해결할 수 있는 것일까?

사회가 인간다운 삶 가운데 유지되기 위한 조건의 보장이라는 자유 법치국가의 네 번째 영역에서는 평화와 질서 이상의 것이 중요하다는 점은 분명하다. 최대한의 자유와 평등한 자유의 질서를 통해 **개인**의 일방적인 **윤리적 발전**과 **사회**의 전면적인 **이성적 발전**과는 구별되는 이 '영역'은 최대한의 안전과 평등한 안전의 질서를 통한 개인의 윤리적 자기보존을 뛰어넘는 **사회**의 **법적 보호와 유지**의 영역이다. 그러나 이 영역에서 문제가 되는 것은 도대체 무엇일까?

우리는 다시 다음과 같은 물음을 제기한다. 즉 자유의 질서가 평화와 질서, 평온과 안전의 보장 — 이는 **관헌적 법치국가**와 같은 비자유 법치국가에서도 달성될 수 있다 — 이상의 것이 되고자 한다면 자유의 질서를 통한 **사회의 보호와 유지**는 어떠한 원칙에 따라 정당화되어야 하는 것일까? 자유의 질서를 통한 사회의 **발전**에서와 마찬가지로 사회의 보호와 유지에서도 **안전보다는 자유가 우선**하며, 따라서 부자유보다는 불안전이 우선한다고 규정되어야 하지 않을까? 그래야만 우리가 인간이 자연적 소질과 정신력을 모두 발휘할 수 있는 모든 문명적, 문화적 발전을 위한 동적 원칙이자 **창조적 잠재력**으로 파악했던 **자유의 실현**이 위축되지 않게 되는 것이 아닐까?

2. 법치국가를 통한 최대한의 안전과 평등한 안전: 인간다운 삶을 위한 사회의 유지조건

자유 법치국가를 통해 **사회**가 최대한의 안전과 평등한 **안전의 질서 속에서 유지**되도록 하는 것은 그러한 안전의 질서를 통해 개인을 보존하는 것이 자기목적이 아니듯이 그 자체 자기목적일 수 없다. 자유 법치국가는 법을 수단으로 삼아 개인의 법익과 인권을 보장하고 이를 통해 개인의 윤리적 자기보존을 가능하게 만든다. 왜냐하면 이러한 보존조건은 또한 개인이 인간다운 삶을 사는 쪽으로 발전하기 위한 전제조건이기 때문이다. 이와 마찬가지로 자유 법치국가가 안전의 질서를 통해 사회를 보호하고 유지하는 것 역시 그 자체가 목적이 아니라, 자유의 질서를 통해 사회가 발전하기 위한 필수불가결한 조건을 보장하는 수단이다.

국가에 관한 이러한 구상의 토대가 되는 **규범적 전제**는 **이성능력**을 부여받았고, 따라서 **자기결정의 자유**를 행사할 수 있는 존재인 인간을 국가의 목적으로 삼는다는 점이다. 이러한 규범적 전제에 따라 자유 법치국가 이론에서는 **원칙적으로 자유가 안전**에 **우선**한다. 즉 이러한 전제에 비추어 볼 때 **안전이 자유의 조건**이지, 결코 자유가 안전의 조건일 수는 없다. 이에 따라 우리가 자유 법치국가라고 부르는 **국가의 구성**과 관련해서는 다음과 같은 **규범적 결론**을 도출할 수 있다. 즉 자유 법치국가는 **더 많은 자유**를 선택하는 결정을 내릴 것인지 아니면 **더 높은 안전**을 선택하는 결정을 내릴 것인지가 의심스러울 때는 언제나 안전보다는 자유를 우선하도록 결정해야 한다. 안전에 대한 자유의 우위가 정당화되는 것은 자유는 더욱 우월한 일차적 가치이고 안전은 종속적인 이차적 가치이기 때문이 아니라, **안전**은 언제나 **자유라는 목적을 위한 수단**이기 때문이다. 따라서 모든 사람이 자유를 행사할 수 있는 조건을 보장하기 위해 더 높은 안전이 필요한 경우가 아니라면, 자유 법치국가는 그 전제에 비추어 볼 때 당연히 더 많은 자유를 위해 결정해야 한다.

비자유 법치국가는 그것이 어떠한 정치적 형태를 갖고 있든 **자유허용과 자유제한 사이에 의문**이 생길 때는 언제나 **자유보다는 안전을 선택**하는 결정을 내린다. 그러나 이와는 근본적으로 구별되는 **자유 법치국가**에서는 그 전제조건과 목표설정에 비추어 볼 때 **안전보다는 자유를 선택**하는 결정을 내린다. 즉 타인의 인권과 법익의 안전 ─ 이는 타인이 자신의 자유를 행사하기 위해 필수불가결한 전제조건이다 ─ 을 위해 행위규율을 통해 개인의 자유를 제한한다는 사실에 대해 **아무런 의문이 없을 때**만 국가는 인간의 존엄을 보호하기 위해 법을 통한 규율에 따라 개인의 자유를 침해할 권리와 의무를 가진 다. 이러한 사실로부터 우리는 타인의 자유남용에 의해 개인의 인 권과 법익이 침해되는 것을 방어하는 **국가**의 (적극적) **보호기능**의 측 면에서 다음과 같은 규범적 결론을 도출할 수 있다. 즉 국가는 모든 사람의 '법 앞에서의' 원칙적 평등(기본법 제3조 제1항)에 따라 "누구 든 관계없이(ohne Ansehen der Person)" 평등한 법적 수단과 평등한 권리보호를 보장해야 한다. 더 나아가 **국가**의 (적극적) **형성기능**과 관 련해서도 다음과 같은 규범적 결론을 도출할 수 있다. 즉 국가는 법 을 통해 개인의 행위를 통제함으로써 "개인의 자유의 한계가 가장 정확하게 규정되는 가운데"[170] 모든 사람의 최대한의 자유와 평등한 자유가 보장되는 질서상태를 형성하고 또한 이 질서에 대한 모든 의 혹을 불식시키며 필요하다면 강제를 동원하여 질서를 관철시켜야 한다.

따라서 **자유 법치국가**의 모든 **법**은 자의적으로 측정된 자유의 한 계 또는 목적 그 자체로서의 안전의 한계가 아니라, **최대한의 자유 와 평등한 자유의 한계**를 정확하게 '규정'하기 위한 수단으로 형성되 고 집행되어야 한다.

그렇기 때문에 비자유 법치국가의 법질서는 **자유 법치국가**의 법 질서와는 근본적으로 다르다. 즉 자유 법치국가에서는 법질서가 (실증주의 국가개념에서처럼) 그 자체 목적으로 정립되지 않으며, 또

---

170 Kant, *Idee zu einer allgemeinen Geschichte in weltbürgerlicher Absicht*, S. 39. 이미 칸트는 국가의 보호기능을 어떤 다른 의미의 자유의 보장이 아니라, 이러한 '최대한의 자유'의 한계를 규정하고 보장하는 것에 관련시키고 있다.

한 (전체주의 국가관에서처럼) 국가의 목적을 관철하기 위한 **수단**으로 이용되지도 않는다. 오히려 자유 법치국가의 법질서는 **인간의 목적**을 보장하기 위한 수단으로 수립된다. 이러한 인간의 목적은 개인의 경우이든 사회의 경우이든 오로지 이성의 사용을 통한 자기목적의 설정과 자기결정의 자유가 있을 때만 비로소 제대로 실현될 수 있다.

기존의 통상적인 생각과는 달리 안전에 대한 자유의 원칙적 우위는 토마스 홉스가 제기한 근대 법치국가에 관한 최초의 위대한 철학적 구상과 법적 구성에서 분명히 밝혀져 있다. 그의 법치국가 사상에서는 국가와 법에 관한 사상뿐만 아니라, 칸트 철학에서는 찾아볼 수 없는 법률개념과 형벌이론까지 나타나 있다. 그것은 바로 **형벌법규**의 **보장적 기능**과 **형벌의 목적기능**에 관한 사상이다. 이 사상은 **오늘날의 법치국가**에 와서야 비로소 천년에 걸친 질서사상과 형벌 형이상학을 배격하면서 점차적으로 관철되기 시작했다. 이러한 관점에 비추어 볼 때 홉스는 칸트보다 '현대적'일 뿐만 아니라 지금의 우리들보다도 더 현대적이다. 따라서 우리가 오늘날의 세속적이고 다원적인 사회에서 법치국가를 형성하고 집행하기 위한 원칙을 파악하고자 할 때 홉스의 사상으로 되돌아가는 것은 결코 우연이 아니다. 오늘날의 법치국가는 홉스가 처했던 역사적 상황에 비견될 만큼 중대한 전환기에 놓여 있다. 홉스가 살던 근대 초기에는 종교와 종파에 따라 완전히 분열된 사회를 법을 수단으로 삼아 국가를 통해 공통의 **법질서의 토대** 위에 올려놓는 일이 가장 중요한 문제였다. 즉 평화질서이자 보호질서로서의 법질서를 통해 극한의 투쟁 상태에서 정통과 이단으로 갈린 신도들 사이에서도 인간다운 공동생활에 따른 윤리적 최소한을 보장하고자 했다. 이에 반해 우리의 동시대인을 둘러싸고 시작된 **현대**에는 정치와 세계관에 따라 분열된 사회를 국가조직에 의해 규정되는 공통의 법질서의 토대 위에 올려놓고, 이로써 평화질서이자 보호질서인 법질서를 통해 적대적인 투쟁을 일삼고 대립된 신조를 표방하는 사람들 사이에 인간다운 공동생활과 상호작용에 따른 윤리적 최소한을 형성하는 일이 중요한 문제로 떠올랐다. 근대 초에는 상호주관성에 따른 윤리적 최소한 — 즉 인격의 상호존중과 서로 다른 신앙을 가진 사람들 사이에서도 연대성을 통해 상호 결합하는 것 — 마저도 말살될 위험에 처하게 한 원인이 바로 **종교**였다. 이와는 달리 오늘날 대립과 투쟁의 원인은 **이데올로기**이다. 예컨대 서로 상대방을 말살할 것을 기약하며 극단적으로 대립하는 '자본주의'와 '공산주의' 사이의 극단적인 입장과 같이 서로 다른 사회 사이의 이데올로기적 공존뿐만 아니라, 한 사회 내에서의 이데올로기적 공존까지도 원칙적으로 불가능하다고 선언하게 된 것은 바로 이데올로기적 대립 때문이다.

법을 수단으로 국가를 통해 **종교적 관용** — 이는 홉스나 로크가 의도한 것이기도 했다 — 을 관철한 것은 '계몽절대주의'의 발흥에 **따른 관헌적 법치국가**의 위대한 업적이었다면, 서로 다른 사회 사이의 정치적 관용과 한 사회 내에서의 **정치적 관용**까지 관철하는 것은 계몽 입헌주의에서 시작된 자유 법치국가의 과제이다.

그렇다면 세계관적 관용, 즉 종교적 관용과 정치적 관용을 관철할 수 있는 법질서는 어떻게 형성될 수 있을까? 완전히 세속적이고 다원적인 질서를 통해 매우 다양한 신념과 당적을 가진 사람들이 함께 살아가고 상호 작용할 수 있는 법질서는 어떻게 형성될 수 있을까? 또한 이러한 법질서를 정립하기 위한 규범으로서의 법률은 어떠한 기능을 하며, 이러한 질서를 관철하기 위한 제재로서의 형벌은 어떠한 기능을 할까? 일단 우리는 안전국가로서의 법치국가에 관한 최초의 이론가인 홉스가 이러한 물음에 대해 말하고 있는 내용을 아무런 편견 없이 들어 보기로 하자.

"자유라는 말의 본래 의미나 일반적으로 인정되는 의미에 따르면 자신의 재능과 능력에 따라 행하는 일에 아무런 방해를 받지 않는 사람을 **자유로운** 사람이라고 부른다."[171] 그렇다면 "자유는 법률의 침묵에 의존한다. 모든 시민은 법률이 규정하지 않은 것을 하거나 하지 않을 자유를 갖는다."[172] "시민들의 다양한 활동 전체가 법률에 의해 확정적으로 규정될 수는 없다. 그렇기 때문에 명령되지도 않고 금지되지도 않으며, 오히려 각 개인이 자신의 재량에 따라 하거나 하지 않을 수 있는 수많은 행위가 존재한다."[173] 이러한 행위들은 모두 오늘날 우리가 말하는 '법으로부터 자유로운 영역(rechtsfreier Raum)'에 해당한다. 이 영역에서는 우리가 의욕하는 행위를 할 수도 있고 하지 않을 수도 있다. 이 의미에서 홉스는 '자유의 향유'를 "법률이 시민들에게 허용하거나 남겨 둔 부분의 자연권"으로 이해한다.[174] 그렇다면 이러한 자유의 향유가 부정되는 법

---

171 Hobbes, *Leviathan*, S. 241.

172 Hobbes, *Leviathan*, S. 250.

173 Hobbes, *Vom Bürger*, S. 214.

174 Hobbes, *Vom Bürger*, S. 214. 이 문제에 관해 홉스는 다음과 같은 비유를 통해, 두 가지 방향의 극단적 견해가 모두 잘못이라는 점을 분명하게 보여 주고 있다.
"물이 흘러갈 곳이 없으면 고여 썩게 되고, 사방으로 흘러갈 곳이 있으면 물살이 더욱 거세져 아무 데로나 흘러가게 된다. 이와 마찬가지로 시민들도 법률이 허용하는 것이 아니면 아무것도 할 수 없다면 정신적으로 위축될 수밖에 없고, 이에 반해 그들에게 모든 것을 허용해 주면 서로를 해치

적 영역(rechtlicher Raum)에서 국법은 어떻게 작용하며 이 두 영역의 한계는 어떻게 규정되고 보장되는가? 모든 법률은 단순한 권고(lex indicans)가 아니라 명령(lex imperans)이다. 따라서 국가가 법으로 정립한 국법[175]은 "국가가 구두나 서면 또는 여타의 전달 가능한 방법으로 제시한 규율이고 시민들은 이로부터 선(善)을 인식하고 또한 이에 따라 행동해야 한다."[176]

그래서 홉스는 이렇게 말한다. "평화와 자기보존을 위하여 **인조인간**(국가)을 만드는 것과 마찬가지로 사람들은 상호간의 계약을 통해 **인조의 끈**(국법)을 만든다. 이 끈의 한쪽 끝은 지배자의 입술에 연결되어 있고, 다른 한쪽 끝은 시민들의 귀에 연결되어 있다. 이 끈은 물론 끊어질 수 있다. 하지만 이를 끊기가 어렵기 때문이 아니라, 이를 끊음으로 인해 야기될 위험 때문에 함부로 끊을 수 없

게 되며, 법률이 금지를 명하지 않은 채 남겨 둔 공간이 크면 클수록 시민은 더 많은 자유를 향유하게 될 것이다. 지나치게 금지하는 것도 잘못이고, 지나치게 허용하는 것도 잘못이다. 왜냐하면 법률은 인간의 활동을 제거하기 위해서 존재하는 것이 아니라, 다만 인도하기 위해서 존재하기 때문이다. 이는 마치 자연이 강둑을 만든 이유가 물의 흐름을 막기 위한 것이 아니라, 흐름의 방향을 잡아 주기 위한 것이라는 사실과 같은 이치이다."

175 국법은 '자연법'과는 구별된다. 홉스에 따르면 자연법이란 인간에게 이성을 통해 드러나는 것으로서, "어느 누구도 자기 자신에게 해가 되는 것은 하지 않으려고 하는 보편적 규칙(*Leviathan*, S. 166)"이라고 한다. 따라서 홉스에 따르더라도 우리가 구체적인 경우에 이성을 사용함으로써 우리의 행위규칙을 발견해야 할 때 기준이 되는 인식원칙은 바로 황금률의 상호성 원칙이다. 이를 홉스는 "신약성서의 복음인 '사람들이 너희에게 해 주기 바라는 것을 또한 사람들에게 행하라!' 또는 더 일반적으로 알려진 격언인 '다른 사람들이 너에게 하지 않기 바라는 바를 남에게 행하지 말라!'(*Leviathan*, S. 168)"라고 표현하고 있다.

176 Hobbes, *Leviathan*, S. 284.

다."[177] 일반적인 견해에 따르면 관헌국가의 지배자는 시민들의 귀가 입법자의 입에 복종하게 만들어 시민들에 대한 모든 후견과 보호를 할 수 있다고 한다. 그러나 홉스가 구상하는 법치국가에서는 사정이 다르다. 즉 법치국가의 모든 법률은 그것이 시민의 보호를 증진해야 하지 결코 이를 저해하거나 파괴해서는 안 된다는 원칙적인 유보하에 놓인다. 또한 바로 이러한 유보 때문에 안전국가에서의 입법자의 권위가 정당화된다. 더 나아가 모든 법률은 '정당하고' '좋은 법률'이어야 하며 다음과 같은 두 가지 명백한 요청을 충족시켜야 한다. 즉 모든 법률은 "시민의 복지를 위해 **필요한 것이**어야 하며 동시에 **명확**하게 규정되어야 한다."[178]

따라서 **불필요한 법률**과 **불명확한 법률**은 악법으로 여겨진다. 법률이 시민의 무해한 자유를 제한한다면 이는 불필요한 법률이며 또한 시민이 자신들의 자유의 제한을 분명히 인식하거나 이해할 수 없다면 이는 불명확한 법률이다.

그렇기 때문에 홉스는 다음과 같이 분명하게 말한다. "어떠한 법률도 시민의 무해한 자유를 제한하는 것을 목적으로 삼아서는 안된다. 법률은 격정이나 무분별함 또는 어리석음으로 인해 빠지게될 수도 있는 위험과 피해로부터 시민들을 보호하는 것을 목적으

---

177 Hobbes, *Leviathan*, S. 242(강조표시는 지은이). 리바이어던의 영문판을 번역한 독일어 번역본에는 '주권자'와 관련하여 군주정 및 민주정에서 "주권을 이양받은 사람 또는 **대표집단의** 입술"이라고 번역되어 있다 (Leviathan, Ausgabe Fetscher, 1966, S. 164 - 강조표시는 지은이). 홉스의 이러한 표현 또는 이와 유사한 표현에 비추어 볼 때, 어떻게 그를 오로지 지배자에 의해 설립된 권력국가의 군주정 체제, 심지어는 전체주의 체제에만 국한시켜 이해할 수 있었는지는 역사적인 회고를 통해서도 쉽사리 납득하기 어려운 점이다.

178 Hobbes, *Leviathan*, S. 351.

로 삼아야 한다."[179] 따라서 홉스는 '불필요한 법률'은 '목적에 반하는 악한 법률'이라고 명백히 선언한다.[180]

그러한 법률은 모든 법률의 유일한 정당성근거, 즉 시민들을 유해한 자유의 행사로부터 보호한다는 법률의 목적을 충족하지 못한다. 더욱이 그러한 법률은 자유의 행사가 타인, 즉 다른 개인이나 사회 전체에 대해 무해한 경우에도 '자유를 향유'할 '자연권'을 구속한다. 그러므로 자세히 고찰해 보면, 흔히 권력국가라는 비방을 당하는 안전국가에서는 안전과 질서, 평온과 평화의 보장만이 중시되는 것이 아니라, 훗날 칸트가 끌어들인 최대한의 자유와 안전 및 평등한 자유와 안전의 질서도 중시된다. 물론 안전국가에서는 이러한 문제가 안전이라는 문제의식을 중심으로 파악된다는 차이가 있다.

그러므로 홉스의 사상에 따르면 "법률이 시민과 국가의 복지를 위해 필수적으로 요청되는 것보다 더 많은 규율을 한다면 이는 책임 있는 입법자의 의무에 반한다."[181] 이처럼 그 당시로서는 매우 특이한 사상에 대해 홉스는 칸트와 똑같은 근거를 제시하고 있다. 즉 홉스의 사상도 '무해한 자유'의 한계 내에서 행동하고 타인의 자유와 권리를 침해하지 않는 한, 국가 내의 시민은 오로지 자신의 이성을 사용함으로써 자유로운 윤리적 자기결정에 따라 그가 무엇

---

179 Hobbes, *Leviathan*, S. 351. 여기서도 홉스는 시민의 무해한 자유를 제한하는 것에 대한 자신의 반대입장을 다음과 같은 비유로 분명히 보여 주고 있다. "길가에 울타리를 치는 것은 행인의 침입을 막으려는 의도가 아니라, 단지 시민의 농지와 목초지가 망가지지 않도록 하기 위해서일 뿐이다."

180 Hobbes, *Leviathan*, S. 351.

181 Hobbes, *Vom Bürger*, S. 214.

을 하고 무엇을 하지 말아야 할지를 스스로 결정해야 한다는 것을 출발점으로 삼고 있다.

"국가에 대해 무해하고 또한 시민의 행복에 필수불가결한" 자유를 위해서는 무엇보다 법률이 시민과 국가의 복지를 위해 **필수적으로 요청**되는 것보다 더 많은 규율을 하지 않아야 한다. 왜냐하면 "사람들은 자신이 무엇을 해야 하고 무엇을 하지 말아야 하는지를 **법률지식이 아니라, 자연적인 이성에 따라 생각**하기 때문이다. 그러므로 법률의 수가 너무 많아서 사람들이 이를 쉽게 기억할 수가 없게 되거나 **이성 자체가 금지하지 않는 것을 금지**한다면 대부분의 사람들은 아무런 악의가 없음에도 불구하고 법률의 무지로 인해 법률을 위반하거나 **무해한 자유** — 자연법에 따르면 지배자는 시민들이 이러한 **자유를 유지하도록 할 의무가 있다** — 를 행사했음에도 불이익을 받는 함정에 빠지게 된다."[182]

법률의 기능을 자유를 최소한으로 제한하는 가운데 자유를 최대한으로 허용하는 것으로 파악하는 이러한 견해로부터 현대의 법치국가 이론들은 여러 가지 규범적 결론을 도출한다.

자유 법치국가의 전체 **법질서의 형성원칙**이자 이러한 법질서의 정립과 관철을 위해 필요한 **국가활동의 집행원칙**을 페터 슈나이더 (Peter Schneider)는 "의심스러울 때는 자유를 위하여!(in dubio pro libertate!)"라는 간결한 형식으로 표현하고 있다.[183]

인간의 존엄이라는 규범적 전제로부터 논리적 필연성을 갖고 도

---

182 Hobbes, *Vom Bürger*, S. 214(강조표시는 지은이).

183 Peter Schneider, "In dubio pro libertate", in: *Hundert Jahre deutsches Rechtsleben, Festschrift zum hundertjährigen Bestehen des Deutschen Juristentages, 1860-1960*, Band II, 1960, S. 263 이하 또한 ders., *Die Menschenrechte in staatlicher Ordnung*, S. 96 이하도 참고.

출되는 이러한 원칙적 확신에 따르면 자유 법치국가가 **보호기능**을 행사하고 **형성기능**을 수행하면서 자유와 강제 사이의 올바른 중심을 찾고자 할 경우에는 언제나 "**의심스러울 때는 자유에 유리하게 그리고 강제에 불리하게**"라는 원칙에 따라 결정을 내려야 한다. 이와는 달리 비자유 법치국가에서는 "**의심스러울 때는 자유에 불리하게 그리고 강제에 유리하게**"라는 원칙에 따라 결정하며, 따라서 법질서의 형성과 집행은 "의심스러울 때는 자유에 반하여!(in dubio contra libertatem!)"라는 근본원칙에 따라 이루어진다. 따라서 비자유 관헌적 법치국가의 신민들에 대해 이러한 **질서원칙**에 상응한 **행위명령**은 다음과 같은 것이 된다. "명백히 허용되지 않은 것은 금지된다!" 이에 반해 자유 법치국가의 시민들에게는 "명백히 금지되지 않은 것은 허용된다!"라는 정반대의 행위명령이 적용된다.[184]

  "의심스러울 때는 자유를 위하여!"라는 원칙과 "의심스러울 때는 자유에 반하여!"라는 원칙, 특히 '의심스러울 때'라는 눈에 잘 띄지 않는 말 가운데는 아주 결정적인 물음이 개입되어 있다. 즉 '의심스러울 때', 한 법적 구상에 따르면 불안정이라는 대가를 치르더라도 자유가 선택되는 반면, 다른 한 법적 구상에 따르면 자유를 희생시키고 안전을 선택하게 된다. 그렇다면 이론상 원칙적으로 왜 그러한 선택이 이루어지며 또한 현실적으로 언제 그러한 선택이 이루어지는가에 대한 **일반적 근거**와 **개별적 근거**에는 바로 앞에서 말한 대립된 원칙이 개입되어 있다.

---

184 금지규범(결정규범)과 허용규범(승인규범)의 관계의 규범논리적 구조 및 금지되지도 허용되지도 않은 '법으로부터 자유로운 영역'의 논리적 문제에 관해서는 Lothar Philipps, "Sinn und Struktur der Normlogik", in: *Archiv für Rechts- und Sozialphilosophie*, Band 52(1966), S. 195 이하, 특히 205 참고.

원칙적으로 자유 법치국가는 의심스러울 때는 언제나 **자유허용을 위하여 그리고 자유제한에 반하여** 결정해야 한다. 이 점은 자유 민주주의의 정치적 구상의 전제가 되는 다음과 같은 **규범적** 전제에서 충분한 근거를 찾을 수 있다. 즉 **인간의 존엄**은 개인의 정신적 독자성과 윤리적 자기결정을 목적으로 삼기 때문에 **더 높은 안전의 질서**보다는 **더 많은 자유의 질서**를 통해 인간의 존엄이 보장될 수 있다는 사실이다. 그러므로 자유 법치국가에서는 원칙적으로 '자유의 한계에 대한 규정'이 개인과 사회의 인간다운 삶의 보존을 위해 필수불가결하다는 점에 대해 **어떠한 의심도 없을 때만 자유허용의 한계**에 도달하며, 따라서 **자유제한의 충분한 근거**가 주어진다. 그렇기 때문에 자유 법치국가의 모든 국가활동뿐만 아니라, 법질서 전체의 핵심원칙인 "의심스러울 때는 자유를 위하여!"를 '인간을 위한 기본전제'로 해석하는 것은 타당하다.[185] "모든 사람은 **자유롭게** 그리고 **타인의 자유를 존중**하면서 스스로 결정을 내려야 한다"[186]는 **규범적 전제**를 설정하고 동시에 각 개인은 **일반적**으로 그가 해야만 하는 것(즉 타인의 자유를 존중하면서 자기 스스로 결정하는 것)을 **행할 수 있다**는 사실적 전제를 인정하는 사람만이 **자유허용을 지지하고 자유제한에 반대하는 생각**을 출발점으로 삼을 수 있다.[187]

우리는 일반적으로 다음과 같은 점을 전제한다. 즉 개인은 비록 타인과의 관계에서 '부조화'와 대립을 드러내지만 그럼에도 개인 스스로 자신의 자유를 이성적으로 사용해야 하며 또한 그러한 능

---

185 Peter Schneider, "In dubio pro libertate", S. 290.

186 Peter Schneider, *Die Menschenrechte in staatlicher Ordnung*, S. 89.

187 이는 자유와 책임에 대한 허구라고까지 과장될 정도로 혼히 잘못 해석되고 있는 칸트의 명제("네가 해야 하기 때문에 너는 할 수 있다! Du kannst, denn du sollst!")가 갖는 실천적 의미와 가치이다.

력과 의욕을 가지고 있다고 전제한다. 바로 그 때문에 우리는 원칙적으로 개인을 사슬에 묶어 두거나 감옥에 가두지 않았다고 해서 언제나 살인, 강도, 절도, 사기 등을 저지르는 것은 아니라는 사실로부터 출발할 수 있다. 그러나 인간 그 자체를 늑대로 파악하는 오류는 일단 제쳐 두더라도[188] 우리가 일상적으로 극히 비관적 인간상에 따라 인간은 언제나 그것이 자기에게 일방적인 이익을 가져다주기만 하면 그에 따른 불이익은 고려하지 않은 채 살인, 강도, 절도, 사기 등을 저지른다는 사실로부터 출발해야 한다면, 우리는 모든 시민 뒤에 감시자를 세워 두어야 하고, 더욱이 살인, 강도, 절도, 사기 등을 저지르는 사람들마저도 최악의 상태를 예상해야 할 것이다.

따라서 각 개인은 **일반적**으로 윤리적 자기결정을 통해 자신의 자유를 이성적으로 사용한다는 우리의 출발점은 개인이 그에게 부여된 자유를 남용하여 타인을 살해하고, 강간하고, 학대하고, 모욕하는 수많은 **예외현상**에 의해 반박된다. 그러나 우리의 출발점이 반박된다고 해서 우리의 **사실적 전제**가 배제되는 것은 아니다. 즉 우리의 사실적인 전제는 단지 **예외적인 경우**에만 **규범적 전제**와 모순될 뿐, 일반적으로는 모순되지 않는다. 다시 말해 **인간은 그가 행해야 하는 것**, 즉 이성을 통해 자유를 부여받은 존재로서 스스로를 목적적으로 정립해야 하며 또한 다른 모든 사람들을 그 자체 목적으로 존중해야 한다는 것을 **행할 수 있다**는 규범적 전제는 사실적 전제와

---

188 물론 늑대는 다른 늑대와의 사이에서는 '야수'가 아니다. 하지만 본능에 따라서가 아님에도 '같은 종끼리 공격하는 것'은 인간만이 갖고 있는 특성이다. 이에 관한 기본적인 설명으로는 Konrad Lorenz, *Das sogenannte Böse. Zur Naturgeschichte der Aggression*, 3. Aufl., 1964 참고.

단지 예외적으로만 모순될 뿐 일반적으로는 모순되지 않는다.

우리가 **자유 법치국가**의 국가조직을 통해 전체 법질서를 "의심스러울 때는 자유를 위하여!"라는 원칙에 따라 구상하고 실현시키고자 결정한 **충분한 근거**는 바로 이 두 개의 전제가 일반적으로는 일치한다는 사실에 있다.

따라서 모든 개인은 윤리적 자기결정을 해야 하고 또한 할 능력을 가지고 있다는 전제에서부터 그 정반대의 사실의 입증에 이르기까지 '자유허용과 자유제한의 관계'는 사실상 '**원칙-예외의 관계**'[189]로 나타난다. 그러므로 우리는 "각 개인은 일반적으로 … 타인의 자기결정권을 존중하면서 자신의 공존세계 및 주변세계를 형성해 나가며 또한 타인과 적대자로서가 아니라 공존자로서 마주친다는 사실로부터 출발"할 수 있는 충분한 근거를 갖고 있다.[190]

자유 법치국가에서는 원칙적으로 **의심스러울 때는 자유를 부여**하며 이 추상적인 전제를 반박하는 구체적인 **반대근거가 충분할 때**만 **자유를 제한**할 충분한 근거가 존재하게 되기 때문에 그러한 예외적인 자유제한을 정당화할 수 있는 반대근거를 더욱 정확하게 파악하는 것이 무엇보다 중요하다. 우리는 자유허용과 자유제한의 경계가 이미 홉스가 필요한 법률과 불필요한 법률이라고 불렀던 것 사이에 존재한다는 점을 잘 알고 있다. 홉스에 따르면 시민의 '무해한 자유'를 제한하는 법률은 불필요한 법률이며 '시민 상호 간'의 법적 상태에 부합되지 않는 '유해한 자유'를 침해하는 법률은 필요

---

189 Peter Schneider, *Gutachten zur Frage der Auslegung des Art. 5, Abs. I GG, insbesondere der Stellung zur Presse im Strafverfahren,* 1964, S. 161.

190 Peter Schneider, *Die Menschenrechte in staatlicher Ordnung,* S. 96.

한 법률이라고 한다.

자유 법치국가에서도 자유를 허용하지 않고 오히려 자유를 제한해야 할 경우가 있다는 사실에 대한 충분한 근거는 (원칙적인 자유허용에 대한 충분한 근거의 경우와 마찬가지로) 규범적 차원과 사실적 차원에 동시에 걸쳐 있다. 즉 자유제한의 **법적 근거**뿐만 아니라, 예컨대 형법적 자유제한의 경우 '형사정책적 필요'와 같은 **사실상의 근거**도 충분히 존재한다. 다시 말해 모든 자유제한은 **가치합리적**으로뿐만 아니라, **목적합리적**으로도 정당화되어야 한다.

현대의 세속적이고 다원적인 법치국가에서 **타인의 안전**을 위해 **개인의 자유**를 법적으로 제한하기 위한 **가치합리적 근거**를 형이상학적 또는 신화적 전제와 같은 비합리적 전제에 따른 **객관적 윤리법칙**에서 찾을 수는 없다. 만일 그러한 객관적 윤리법칙이 존재한다면, 인간은 그 가치질서를 단지 '받아들이고' 또한 그 당위법칙들이 외부(또는 상부)로부터 이 세계를 '지배'하게 될 것이다.[191] 그러나 그러한 객관적 윤리법칙은 존재하지 않는다. 따라서 자유제한의 가치합리적 근거는 오로지 **상호주관적 가치평가**라는 **실천적으로 확실한 가치명제**에 기초한 가치들에서 합리적으로 찾아야 한다. 이러한 가치명제는 심지어 테오도르 가이거와 같은 '가치허무주의자'에 의해서도 우리가 일상적으로 지향하는 '일차적 가치평가'로 인정되고

---

191 이러한 실용적 형이상학은 1954년 연방법원 형사 전원합의부의 판결에도 여전히 신화적이라고 할 수 있는 사고방식과 표현방식으로 나타나 있다. "그러나 윤리법칙의 규범은 그 자체만으로 효력을 갖는다. 이 규범의 (강력한) 구속력은 이미 주어져 있고 또한 인정할 수밖에 없는 가치질서와 인간의 공동생활을 지배하는 당위법칙에 기초하고 있다. 따라서 윤리법칙의 규범은 이 규범의 준수를 요구받는 자가 이를 사실상으로 준수하고 인정하는지 여부와는 관계없이 효력을 갖는다(BGHSt. 6, 52)."

있다. 이와 같은 가치들은 우리의 상호주관적 가치평가 행위를 통해 획득된다. 우리는 **상호주관적 가치평가 행위**를 통해 한 개인의 행동에 관련된 타인의 **이익과 기대**를 확인할 수 있다. 즉 우리가 타인의 입장에 서서 나의 행위가 타인의 발전 및 보존조건의 가치관점에서 어떠한 의미를 갖는지를 단순히 특정한 타인에만 국한된 주관적 측면이 아니라, 특수하고 유형적인 역할과 지위를 가진 모든 타인과 관련된 상호주관적 측면에서 물어본다면 한 개인의 행동과 관련된 이익과 기대를 확인할 수 있다. 이러한 상호주관적 가치평가에 따라 우리는 모든 사회윤리의 두 가지 근본규칙을 이끌어 낸다. 그것은 바로 황금률과 정언명령이다. 전자는 **상호성**(네가 나를 대하는 대로 나 역시 너를 대한다!)이라는 수평적인 상호주관적 차원에 따른 것이고, 후자는 **보편성**(너 자신과 마찬가지로 모든 다른 사람들을 대하라!)이라는 수직적인 상호주관적 차원에 따른 것이다.[192]

따라서 수평적이고 수직적인 심사를 통해 단순히 주관적이 아니라 상호주관적으로, 즉 이익과 기대에 관한 상호적이고 보편적인 관점에서 이루어지는 이러한 가치평가 행위로부터 우리는 자명한 윤리의 근본상태를 획득할 수 있다. 타인의 이익과 기대의 안전을 위해 한 개인의 자유를 제한하는 것은 바로 이러한 자명한 윤리의 가치평가적 토대에 근거할 수 있으며 또한 그래야만 한다.[193]

---

192 행위 원칙일 뿐만 아니라, 상황의 규범적 구조와 행동의 규범적 성격에 대한 인식의 원칙이기도 한 모든 사회윤리의 이 두 가지 근본규칙에 관해서는 Maihofer, *Vom Sinn menschlicher Ordnung*, S. 86 이하[한국어판 117면 이하]와 "Droit naturel et nature des choses", S. 258 이하 참고. 법원칙으로서의 황금률에 관해서는 Erich Fechner, *Rechtsphilosophie, Soziologie und Metaphysik des Rechts*, 1956, S. 101 이하와 Günter Spendel, "Die goldene Regel als Rechtsprinzip", in: *Festschrift für Fritz von Hippel*, 1967, S. 491 이하 참고.

그러나 세속적이고 다원적인 현대사회에서는 사회 내의 모든 종교적, 정치적 집단들과는 관계없이 **공통의 상호주관적 가치평가**에 해당하는 이익과 기대만이 모든 시민들에게 구속력을 갖는 법률을 통해 보호되고 보장된다. 우리는 이러한 상호주관적 가치평가를 **윤리의 최소한**이라고 부른다.[194]

따라서 오늘날과 같은 **세속적 사회**에서 어떤 종교집단이나 정치집단에 소속된 사람이 특정한 종교적 또는 세계관적 전제하에 내린 가치평가는 그것이 신앙에 기초한 전제가 없더라도 인간이성의 사용을 통해 인정될 수 있을 때만 존중 및 관철될 수 있다. 또한 오늘날과 같은 **다원적 사회**에서 종교적 및 여타의 세계관적 가치평가는 다른 사람들의 가치평가보다 더 우월한 위치나 의미를 갖는 것이 아니다. 그러므로 자유 법치국가에서는 여러 가치관점과 가치확신의 **차이**를 뛰어넘어 상호주관적 가치평가라는 원칙적인 **수렴점**을 확인할 수 있는 경우 — 비록 그것의 전제에서는 근본적인 대

---

193 이 자명한 윤리는 예컨대 한 인간의 양심에 반영되는 객관적 윤리법칙이 아니며, 따라서 '존재유비(analogia entis)'를 통해 한 인간의 윤리법칙이 될 수 있는 것도 아니다. 자명한 윤리법칙은 인간 스스로에 의해, 즉 이러한 윤리가 인간에게 무엇인가에 관한 상호주관적 평가행위를 통해 비로소 존재하게 되고 창조되는 윤리법칙이다. 이와 같은 윤리법칙은 신앙이나 지식에 관련된 어떤 전제가 없더라도 한 개인에게 직접 실천적으로 확실한 것으로 밝혀진다. 이에 관해서는 Wilhelm Weischedel, *Recht und Ethik. Zur Anwendung ethischer Prinzipien in der Rechtsprechung des Bundesgerichtshofs*, 1956 참고.

194 그래서 아르투어 카우프만은 게오르그 옐리네크(Georg Jellinek)가 처음 사용한 '윤리의 최소한'이라는 개념을 상호주관적 평가의 공통기반에 관련시키고 있다. 즉 평가하는 자와 평가받는 자의 양심이 '어느 정도 대체가능한' 양심결정의 영역에서는 각각 다른 주체에 의한 '대리적 양심판단(예컨대 행위자를 대신하는 법관의 양심)'이 상호주관적 합치에 의해 가능하다고 한다(Arthur Kaufmann, *Recht und Sittlichkeit*, S. 45).

립이 지속되지만 적어도 '결과적'으로라도 수렴점을 확인할 수 있는 경우 — 에만 타인의 이익과 기대를 위해 개인의 자유를 제한할 수 있는 **충분한 가치합리적 근거**를 찾을 수 있다. 기본법 제2조 제1항이 '타인의 권리'라고 규정한, **보호되어야 할 타인의 이익**과 '도덕률'이라고 규정한, **보장되어야 할 타인의 기대**는 바로 이런 의미로 이해해야 한다.[195]

자유 법치국가의 법은 결코 결단주의나 실증주의에서처럼 자의적으로 '형성'될 수 없다. 따라서 자유 법치국가의 법은 **의심스러울 때는** 원칙적으로 **자유허용**을 고수해야 한다. 즉 자유제한을 위한 **상호주관적 수렴점에 대해 가치합리적 근거가 충분히 제시될 수 없다면** 자유허용을 원칙으로 삼아야 한다. 예컨대 절대적 규범과 추상적 원칙에 따르는 전통적 도덕이 붕괴됨으로써 '모든 가치가 전도'된 오늘날 우리 형법에서 세계관적 논란의 대상이 되고 있는 구성요건들은 자유제한에 대한 가치합리적 근거를 충분히 제시할 수 없을 것이다.[196]

---

195 가치철학의 상대주의를 극복하기 위한 실마리가 되는 '수렴의 기준'에 관해서는 Arthur Kaufmann, "Gedanken zur Überwindung des rechts-philosophischen Relativismus", in: *Archiv für Rechts- und Sozial-philosophie*, Band 46(1960), S. 560. 이러한 방법은 결국 상대주의적 가치윤리가 아니라, 관계적 가치윤리, 즉 사물 그 자체 가운데 이미 존재하는 평가관점으로부터 상호주관적 평가의 방법을 통해 전개되는 실천적 가치윤리에 도달하게 된다. 귄터 슈트라텐베르트가 시도한 연구(Günter Stratenwerth, *Das rechtstheoretische Problem der Natur der Sache*, 1957) 역시 이러한 방법으로 귀착한다.

196 독일의 현행형법에서 세계관적으로 논란이 많은 구성요건들의 "도덕적 교조주의를 타파"해야 한다는 요청에 관해서는 Maihofer, "Die Reform des Besonderen Teils des Strafrechts", in: Leonhard Reinisch(Hrsg.), *Die deutsche Strafrechtsreform*, 1967, S. 79 이하 참고.

하지만 자유 법치국가에서는 **보호하고 보장할 가치가 있는 타인의 이익과 기대**가 존재하더라도 자유의 부여를 금지할 가치합리적 근거뿐만 아니라, **목적합리적** 근거까지 있을 때만 법을 수단으로 국가를 통해 개인의 자유를 제한할 수 있다. 그렇기 때문에 무제한의 자유허용을 발생시킬 위험과 가능성을 특정한 방식의 자유제한이 타인의 안전뿐만 아니라, 개인의 자유에 대해서도 어떠한 위험과 가능성이 발생할 것인지의 관점에서 **합리적으로 진단하고 예측**할 필요가 있다.[197]

따라서 타인의 이익보호와 기대보장을 정당화하기 위한 안전의 정도와 이로 인해 개인에게 발생하는 부자유와 불안전의 정도 사이에 비례성이 없다고 입증되면 **자유제한의 가치합리적 근거**는 충분할지라도 **목적합리적 정당성**은 충분하지 않다. 예컨대 공동체에 위험이 되는(gemeingefährlich) 것이 아니라, 단지 공동체에 부담이 되는(gemeinlästig) 행위자에 대한 형법상의 보안처분 규정은 이러한 비례성을 상실하고 있음을 분명히 인식해야 한다.[198] 약간은 당황스러운 표현일지 모르지만, 형법적 자유제한을 위한 '형사정책적 필요성' 또는 더 나아가 개인의 자유를 민법이나 공법을 통해 제한하기 위한 법정책적 필요성이란 존재하지 않는다. 이 점은 구금, 징역, 금고 등 자유박탈에 의한 형벌 및 여타의 법질서의 영역에서

---

197 '강제를 통한 자유배제'의 위험성을 방지하기 위한 국가의 필요성 및 권한 범위를 결정할 때 경험적 위험성과 가능성을 예측하는 기준에 관해서는 Peter Schneider, *Die Menschenrechte in staatlicher Ordnung*, S. 91 참고.

198 특히 단지 공동체에 부담이 된다는 이유만으로 행위자에 대해 보안처분을 부과하는 현행 독일형법의 "형사처벌의 비대화를 타파"해야 한다는 요청에 관해서는 Maihofer, ebd., S. 75 이하 참고.

존재하는 **제재**가 포함하고 있는 직접적이고 물리적인 자유제한의 경우뿐만 아니라, 법질서의 **규범**이 하나의 목표로 삼고 있는 간접적이고 정신적인 자유제한의 경우에도 마찬가지이다.

타인의 **법익보호**는 언제나 한 개인에게 그의 **법익을 침해**할 것이라고 위협하거나 또는 그의 법익을 현실적으로 침해함으로써 보장되고 관철된다는 것을 분명히 의식한다면 자유 법치국가에서 모든 법의 목적합리적 정당화를 위해 타당한 법정책적 원칙은 "**한 개인의 법익을 최소한으로 침해하면서 타인의 법익을 최대한으로 보호한다**"는 것이어야 한다.[199]

따라서 국가가 법을 수단으로 삼아 개인의 자유를 과도하게 침해한다면 이는 기본법 제1조 제1항이 헌법적으로 보장하고 있는 **인간의 존엄**, 즉 자유로운 윤리적 자기결정에 따른 자기발전과 자기보존을 위한 개인의 최고의 인권을 **침해**하는 것이다.[200] 또한 타

---

199 이러한 법정책적 원칙은 자유주의와 사회주의의 전통과 결부된 프란츠 폰 리스트와 구스타브 라드브루흐의 근대학파 및 사회학파의 형법사상에서 처음으로 나타났다. 이 형법사상에 따르면 자유 법치국가에서 형법의 보호기능을 확고히 하는 근본원칙, 즉 (이미 프란츠 폰 리스트가 확인한 것과 같이) '법익침해를 통해 법익보호'를 행할 때 '정당한 형벌'은 언제나 '필요한 형벌'일 수밖에 없다는 원칙이 '범죄인의 마그나 카르타'라는 형법의 보장기능에 관한 사상과 결합한다. 이에 관해서는 Franz von Liszt, "Der Zweckgedanke im Strafrecht", in: ders., *Strafrechtliche Aufsätze und Vorträge*. Erster Band, 1905, S. 126 이하, 161과 "Über den Einfluß der soziologischen und anthropologischen Forschungen auf die Grundbegriffe des Strafrechts", in: *Strafrechtliche Aufsätze und Vorträge*. Zweiter Band, 1905, S. 75 이하, 특히 80 그리고 Gustav Radbruch, *Der Mensch im Recht. Ausgewählte Vorträge und Aufsätze zu Grundfragen des Rechts*, 1957, S. 63 이하 참고.

200 바로 그 때문에 국가가 법질서를 형성, 집행하면서 적정성과 비례성에 반하여, 즉 타인의 안전을 이유로 충분한 가치합리적, 목적합리적 근거도

인의 안전을 위해 개인의 자유를 제한할지라도 그러한 **자유제한이 그 종류나 정도에 비추어 가치합리적이고 목적합리적인 근거를 갖고 있고 또한 이 관점에서 정당화되는 한도** 내에서만 이루어져야 한다. 그러므로 국가가 법 또는 폭력을 수단으로 개인의 윤리적 자기결정의 자유를 '근거'나 '정당성'이 없이 **침해**한다면 그러한 침해는 곧 **인간의 존엄에 대한 공격**이다. 따라서 불필요하고 과도한 법률은 자유의 적일뿐만 아니라, 인간의 존엄에도 반한다.

이와 같은 원칙적인 확정에 따라 우리는 법률의 보호기능뿐만 아니라, 법률의 보장기능에 관해서도 더욱 폭넓은 결론들을 도출해 낼 수 있다. 이 측면에서 우리는 무엇보다 "도대체 법률이란 무엇인가?"라는 물음을 제기하게 된다.

법률은 사회적 제도에서 규범적 지렛대의 기능을 한다. 즉 국가는 법률을 통해 법적으로 인정된 이익의 보호와 법적으로 인정할 가치가 있는 기대의 보장을 관철한다. 법률은 개인의 자유를 직접적이고 물리적으로 제한하는 방식(예컨대 형벌을 통한 자유박탈)으로 작용할 수 있고, 특히 간접적이고 정신적으로 제한하는 방식으로 작용할 수도 있다.

자유에 대한 간접적이고 정신적인 제한은 **법률규범**을 통해 개인이 법률을 위반할 때는 각 법영역에 따라 여러 가지 **반작용**을 가할 것이라고 위협함으로써 이루어진다. 이러한 반작용은 한 사회 내에서 타인의 안전을 위해 개인의 자유에 대해 확고한 한계를 설정

없이 개인의 자유를 침해한 경우에는 국가도 인간의 존엄을 침해하는 것이 된다. 물론 기본법 제1조 제1항의 소극적 지위보장에 따라 부여되는 국민의 부작위청구권은 국가권력의 작용을 통한 인간존엄의 존중명령의 위반이 '참을 수 없는 정도'에 이르렀을 때만 존재한다고 볼 수 있다. 이에 관해서는 앞의 각주 153 참고.

한 법률에서는 유형화된 **제재**(즉 형벌)로까지 상승한다. 물론 법률은 법이 금지하는 영역에서는 법적으로 인정된 타인의 이익과 기대를 보호하는 기능을 행사하기도 하지만, 개인에 대해서 **보장기능**도 담당한다. 즉 법률은 개인이 금지와 명령에 따른 자유의 한계 내에서는 '타인의 시선'을 의식하지 않고 또한 '공권력'의 침해를 두려워하지 않고서도 자유롭게 행동할 수 있도록 보장한다. 그러나 개인의 부자유로 확정된 영역에서는 법률은 비록 개인이 규범을 통해 정립된 자유의 한계를 파괴하여 이 부자유의 영역을 뛰어넘는 것을 막을 수는 없을지라도 그러한 규범파괴가 발생할 때는 **제재**를 가할 것이라고 위협함으로써 모든 개인에게 **심리적 강제**를 행사한다.

독일의 법률을 자세히 들여다보면 우리가 법치국가를 안전국가로 파악할 때는 개인이 윤리적 자기결정을 해야 하고 또한 그러한 능력이 있는 **이성적 존재**로 상정하는 **자유국가**의 관점에서 법치국가의 기능을 고찰하는 경우와는 전혀 다른 **규범적, 사실적 전제**로부터 출발하고 있음을 알 수 있다. 이성적 존재에 대해서는 언제나 **행위규범을 제시**할 필요가 있고, 이를 통해 이 이성적 존재가 인간 행동에 대한 법적 평가에 따라 행위규범을 하나의 평가규범으로 준수할 수 있게 한다. 이에 반해 **제재의 위협**은 이성적 존재에게는 필요하지 않다. 왜냐하면 제재의 위협은 '심리적인 결정근거'로서 이성적 존재의 **예지적** 성격과는 부합하지 않으며 또한 부합할 수도 없기 때문이다.

안전국가로서의 법치국가에 관한 철학적 구상과 법적 구성이 **존재론적, 인간학적 전제**로 삼고 있는 인간상은 예지적 성격과는 완전히 다른 측면의 인간존재와 관련된다. 칸트는 이를 인간의 경험적 성격이라고 부른다. 모든 제재는 잠재적인 수범자로서의 인간을 목표로 한다. 이 경우 인간은 아무런 근거도 없이 **순수한 자의**에 따라 그저 자신이 **의욕**하기 때문에 의욕할 만큼 '비이성적'이지도 않고 그렇다고 해서 **이성적인 의욕**을 통해 (상호주관적 근거를 갖고 있고 상호주관적으로 정당화되는) 법적 및 윤리적 행위규칙을 준수할 만큼 '이성적'이지도 않은 존재로 여겨진다.

따라서 법률이 행사하는 모든 심리적 강제는 성향과 욕망에 의해(즉 쾌와 불쾌의 관점에 따라) 감성적으로 규정되는 **감각적 존재**이자 동시에 타산성과 유용성에 의해(즉 이익과 손해의 관점에 따라) 합리적으로 규정되는 **오성주체**로서의 인간을 목표로 한다.[201]

---

201 오성주체와 이성적 존재는 모두 인간의 합리적 능력과 관련되며 이미 칸트가 인간의 감성능력에만 국한시켰던 감각적 존재와는 구별되는 측면이다. 오성주체에 의한 의욕의 합리적 결정과 이성적 존재에 의한 의욕의 합리적 결정 사이의 가장 중요한 차이점은 다음과 같은 사실이다. 즉 인간의 오성은 이 세계의 사물을 이익과 불이익이라는 일면적인 관점에서 파악하며, 이익과 불이익의 계산으로부터 타산성과 유용성의 규칙에 따라 행동한다. 이에 반해 인간의 이성은 이 세계의 사물을 자기 자신의 이익뿐만 아니라, 상호성(한 사람의 상대방으로서)과 보편성(나와 동일한 사람으로서)을 통해 마주치는 타인의 이익까지도 포함하는 포괄적인 차원에서 고려하고 평가한다. 따라서 인간의 이성은 훗날 루드비히 포이어바흐가 "나와 너를 포괄하며, 일면적이 아닌 상호적이고 보편적인 도덕원칙"이라고 표현했던 것으로부터 의욕을 결정한다(이에 관해서는 Maihofer, "Konkrete Existenz", S. 275 참고). 오성적 의욕과 이성적 의욕의 이러한 차이를 '법적 인간(Rechtsmensch)'의 유형에서 파악해 보면 '법적 인간의 심리학'에서 '감정유형과 양심유형'을 구별하는 라드브루흐의 입장의 기초를 이루는 것이라 할 수 있다. 물론 이 두 가지 유형이 갖고 있는 감정적 색채는 권리를 위해 투쟁하는 자(예컨대 변호사) 또는 권리에 대해 판단하는 자(예컨대 법관)의 태도와 같이 완전히 다른 의미의 합리적 태도를 전제할 때만 이해될 수 있다. 이에 관해서는 Gustav Radbruch, *Rechtsphilosophie*, S. 196 이하 참고.

이미 칸트는 법률의 수범자에 관한 그의 유명한 서술에서 인간의 경험적 성격을 전제하고 있으며 우리의 자유질서는 바로 이러한 경험적 성격을 감안해야 한다. 칸트는 이렇게 말한다. "법률은 설령 악마의 족속에 대해서도 그들이 단지 오성을 갖고 있기만 하다면 적용될 수 있을 것이다."[202] 여기서 전제하고 있는 법률의 수범자에 관해서는 분명 '이성'이 언급되고 있지 않고, '오성'만이 언급되고 있다. 오성은 이익과 손해를 고려하여 이익과 기대의 관점에서 타산성과 유용성의 규칙에 따라 자신의 행위를 결정할 수 있는 인간능력을 말한다. 이와 같이 가치합리적이 아닌, 목적합리적인 행위능력을 가진 오성주체, 즉 **평범한 법적 존재로서의 인간**(homo iuridicus normalis)에 대해 우리는 법률이라는 지렛대를 설정한다. 즉 법률을 통해 우리는 개인이 자신의 자유의 한계를 뛰어넘지 못

---

202 이에 관해서는, Radbruch, *Einführung in die Rechtswissenschaft*, 10. Aufl.(라드브루흐 사후에 Konrad Zweigert가 편집한 판), 1961, S. 107 참고. 원칙적으로 '매우 이기적이고 영리한 인간'을 전제로 삼는 안젤름 폰 포이어바흐(Anselm von Feuerbach)의 '심리강제설'에 대한 비판으로는 Radbruch, *Der Mensch im Recht*, S. 12 이하 참고. 그러나 인간을 원칙적으로 '사회적 존재'로 전제해야 하는 사회국가와는 달리 근대 법치국가는 개별적 존재, 즉 개인으로서의 인간을 안전국가로서의 법치국가의 규범적 및 사실적 전제로 삼아야 한다는 점을 라드브루흐는 간과하고 있다. 만일 그러한 전제가 없다면 형법의 보장기능이 "명확한 사전의 법률이 없으면 범죄도 없고 형벌도 없다(nullum crimen, nulla poena sine lege stricta et praevia)"는 원칙에 따라 정당화될 수 없을 것이다. 따라서 라드브루흐의 생각과는 달리 오늘날 문제가 되는 것은 법에서의 인간을 개별적 인간으로 파악하는 자유주의적 인간상을 사회적 인간을 중시하는 사회적 인간상으로 '대체'하는 것이 아니다. 중요한 것은 법, 특히 형법에 대한 진정으로 자유적이고 사회적인 구상, 즉 법치국가적이고 사회국가적인 구상을 통해 자유주의적 인간을 사회적 인간상을 통해 보완하는 것이다. 이에 관한 원칙적인 설명으로는 Maihofer, "Menschenbild und Strafrechtsreform", S. 7 참고.

하도록 사전에 억제하며, 이를 통해 타인의 인권과 법익이 존중되고 보호될 수 있게 한다.[203]

특히 타인의 안전을 위해 개인의 자유에 대한 확고한 한계를 규정하는 형법은 범죄행위로 얻게 되는 이익보다도 훨씬 더 큰 손해를 통해 **상쇄**해야 한다는 의미의 제재와 결부시킴으로써 "너는 무엇을 해야 한다 또는 무엇을 하지 않아야 한다!"라는 **규범명령**을 한층 더 강화한다. 형법과 같이 **제재**가 수반된 규범의 수범자들이 사전에 고려하게 되는 것은 "범죄는 할 만한 가치가 없다!"라는 단순한 사실이다. 따라서 원칙적으로 자유 법치국가에서는 유혹에 쉽게 **빠져드는** 모든 **감각적 존재**들에게 그가 '모든 오성을 상실하지 않는 이상' 행동의 척도로 삼을 수 있는 계산을 사전에 제시해 놓는다. 설령 **오성주체**로서의 개인이 이러한 계산에 비추어 어떠한 행동이 '현명하고' '유용한' 것인지를 자기 자신의 이익과 손해의 관점에서 분명하게 고려할 수 없는 경우라 할지라도 오성주체는 법률에 의해 법적으로 확정된 한계를 **인식**하고 이를 침범했을 때 자신에게 가해질 결과를 **예견**할 수 있을 것이다. 따라서 모든 윤리적 사고로부터 벗어난 순수한 오성주체에 대해서도 법률은 법을 따르고 불법을 피하라고 규정할 수 있는 충분한 이유를 갖고 있다. 안전국가로서의 법치국가에 관한 이론은 인간을 **경험적이고 합리적**

---

203 법질서와 법치국가에 관한 근대의 이론이 법적 인간(homo iuridicus)이라는 합리적으로 구성된 (따라서 비합리적이고 개인적인 우연을 배제한) 이상형(Idealtypus) — 이는 국민경제학 이론에서 전제하고 있는 경제적 인간(homo oeconomicus)과 비슷하다 — 을 전제하는 한, 이러한 법적 인간의 합리적인 노력은 자신의 이익과 불이익의 관점에서 나타나는 이익과 기대를 최대한으로 충족시키며 동시에 이러한 이익과 기대가 최소한으로 침해, 손상되는 것을 출발점으로 삼는다.

인 주체(즉 도덕적 존재로서의 인간이 아니라, 규범적 존재로서의 인간)로 전제한다. 이러한 전제로부터 이미 토마스 홉스는 오늘날의 상황에도 그대로 들어맞는 명확하고도 포괄적인 시각을 가지고 넓은 범위에 걸쳐 설득력 있는 결론들을 도출해 내고 있다. 홉스는 인간에 관한 **철학적 전제**로부터 다음과 같은 규범적 결론을 도출한다. 즉 개인이 자유(**일반적**으로 허용되며, 따라서 **의심스러울 때는** 자유가 보장된다는 전제로부터 출발할 수 있는 자유)의 한계를 침범했다는 이유로 처벌되는 것은 오로지 개인이 제재의 위협을 수반한 규범을 침해하기 이전에 범죄와 형벌이 법을 수단으로 삼는 국가를 통해 법률로 확립되어 있고, 금지되는 행위규율이 확정되어 있는 경우에만 가능하다. 그 때문에 홉스는 이렇게 말한다. "국가에 대해 무해하고 또한 시민의 행복을 위해 필수불가결한 자유를 위해 시민들은 그들이 예상하고 기대할 수 있는 형벌 이외에는 어떠한 다른 형벌도 두려워할 필요가 없어야 한다."[204] "왜냐하면 형벌의 목적은 인간의 의지를 강제하는 데 있는 것이 아니라, 입법자가 원하는 방식으로 인간의 의지를 형성하고 영향을 미치는 데 있기 때문이다. 또한 인간은 마치 저울과 같이 의도한 행위가 이익인가 손해인가를 형량(衡量)하는 데 신중을 기한다. 이러한 형량에서 더 우월하게 드러나는 쪽이 우리의 행위를 결정한다."[205]

---

204 Hobbes, *Vom Bürger*, S. 215.
205 Hobbes, *Vom Bürger*, S. 215. 따라서 홉스도 안전국가로서의 법치국가에 관한 자신의 이론에서 감각적 존재이자 동시에 합리적 오성주체인 인간을 출발점으로 삼고 있다. 이는 칸트가 그의 유명한 표현을 통해 '단지 오성만을 가진' 악마들도 법률의 수범자가 될 수 있다고 한 것과 같은 맥락이다. 따라서 정상적인 유형의 사람은 감성에 비해 오성이 우위에 있으며, 바로 이 점 때문에 정상적인 '유형'의 사람은 이성을 전제하지 않고서도 오성적 고려와 사고만으로 외부로부터(예컨대 법률에 의해) 영향을 받

법치국가에서 **형법과 형벌이 수행하는 기능**에 관한 이러한 이론적 구상으로부터 **형법의 보장기능**과 **형벌의 목적기능**이라는 두 가지 법적 결론이 도출된다. 이러한 법적 결론은 현대의 자유 법치국가가 달성한 가장 진보적인 성과에 속한다. 그런데 형법의 보장기능과 목적기능은 이미 토마스 홉스의 법치국가 이론에서 형성되었고, 부분적으로는 안젤름 폰 포이어바흐(Anselm von Feuerbach)를 거쳐[206] 19세기 말에 프란츠 폰 리스트(Franz von Liszt)의 **근대학파**에 의해 완성된 자유 법치국가의 형법사상으로 계승되었다. 형사사법과 감옥제도에 대한 전 세계에 걸친 개혁의 동기는 바로 **형법을 시민의 마그나 카르타**로 파악하며 **형벌의 재사회화 목적**을 강조하는 리스트의 사상으로부터 출발한 것이다. 독일의 경우에도 관헌국가 사상과 형법에서의 응보 형이상학의 전통으로부터 벗어나기 시작한 것은 바로 이러한 동기에 따른 것이었다.[207]

그러므로 **인간의 존엄에 합치하는 형법**은 보호기능의 측면에서는 "의심스러울 때는 자유를 위하여!", 즉 **최소한으로 자유를 침해하면서**

게 된다.

206 홉스에 대한 이러한 평가는 Carl Schmitt, *Der Leviathan in der Staatslehre des Thomas Hobbes*, S. 114에서 처음으로 제기되었다.

207 프란츠 폰 리스트의 강령적인 설명에 따르면 근대학파의 이러한 형법사상은 곧 범죄행위에 대한 응보를 행위자에 대한 합리적인 교육으로 대체한다는 것을 뜻한다. 다시 말해 형벌을 가치합리적으로 정당화하는 기존의 입장에서 벗어나 형벌을 목적합리적으로 형성하고 집행한다는 것을 의미한다. 사회국가적 동기를 가진 근대학파의 새로운 사상에 의해 이와 동일한 비중을 갖는 독일 형법의 법치국가적 전통은 안젤름 포이어바흐에 (따라서 궁극적으로는 홉스에) 연결되는 형법의 보장기능에 관한 사상과 관련을 맺게 되었다. 형법의 보장기능은 안전국가로서의 법치국가 이론에서 형벌이 순수한 목적기능만을 갖는다는 견해에 의해 이미 형성되어 있었다.

최대한으로 자유를 보장한다는 원칙에 따라 형성되고 집행되어야 할 뿐만 아니라, 보장기능의 측면에서는 "의심스러울 때는 자유를 위하여!"의 원칙에 따라 규정되어야 한다. 따라서 현대 법치국가의 형법에서도 홉스가 표현했던 원칙, 즉 **명확한 사전의 법률이 없으면 범죄도 없고 형벌도 없다**(nullum crimen, nulla poena sine lege stricta et praevia: 명확성 원칙과 형벌불소급 원칙)"는 원칙은 여전히 타당성을 갖는다. 오늘날 이 원칙은 기본법에서도 제103조 제2항에 헌법적으로 확립되어 있다.[208]

---

208 자유 법치국가의 불가결의 조건인 형법의 보장기능은 일반적으로 '근대 형법학의 아버지'라고 불리는 안젤름 폰 포이어바흐에 직접 연원한다고 한다. 그는 '독일형법 교과서(*Lehrbuch des gemeinen in Deutschland gültigen Peinlichen Rechts*, Vierzehnte Originalausgabe, hrsg. v. C.J.A. Mittermaier, Gießen 1847)의 § 20에서 다음과 같이 형법의 보장기능을 설명하고 있다.
"I. 모든 형벌부과는 형법을 전제로 한다(법률 없으면 형벌 없다 Nulla poena sine lege). 왜냐하면 법률을 통해 해악을 위협하는 것만이 형벌의 개념과 그 법적 가능성을 정당화하기 때문이다.
II. 형벌의 부과는 반드시 위협된 범죄행위가 있어야 한다(범죄 없으면 형벌 없다 Nulla poena sine crimine). 왜냐하면 법률에 의해 위협된 형벌은 법적으로 필요한 전제인 행위에 대해 가해지기 때문이다.
III. 법률에 의해 위협된 행위(법적 전제)에 대해서는 반드시 법률에 의한 형벌이 부과되어야 한다(법률에 규정된 형벌이 없으면 범죄도 없다 Nullum crimen sine poena legali). 왜냐하면 법률을 통해 일정한 법위반에 대해 그 필연적 효과인 해악이 연결되기 때문이다."
그러나 안젤름 폰 포이어바흐가 그의 청년기의 저작(*Anti-Hobbes, oder über die Grenzen der höchsten Gewalt und das Zwangsrecht der Bürger gegen den Oberherrn*, 1798)을 저술할 때 홉스의 이론을 접함으로써, 법치국가 형법의 근본원칙을 수용하게 되었다는 점은 별로 주목받지 못하고 있다. 이미 이 저작에서 이른바 심리강제설이라고 불리는 포이어바흐의 모든 형벌이론은 형법의 보장기능과 형벌의 목적기능에 관한 홉스의 이론을 거의 그대로 반복하고 있다. 홉스의 이 두 가지 이론은 그 이후의 모든 법치국가적 사상의 핵심을 이루는 합리적 오성주체와 관련

"**법률 없으면 범죄 없다**"라는 죄형법정주의 원칙과 관련해서 이미 홉스는 다음과 같이 말하고 있다. "국법이 존재하지 않는다면 범죄도 존재할 수 없다. 왜냐하면 국법이 존재하지 않게 되면 오로지 자연법만이 효력을 갖기 때문이다. 즉 각자가 자기 자신에 대한 심판관이 되며, 오로지 자신의 양심에 따라 판단해야만 한다."[209] 이러한 생각으로부터 "**법률 없으면 형벌 없다**"는 원칙에 관해서는 다음과 같은 결론이 도출된다. "시민들은 그들이 예견하고 기대할 수 있는 형벌 이외에는 어떠한 다른 형벌도 두려워할 필요가 없어야 한다. 즉 법률이 형벌을 규정하고 있지 않거나 규정된 것보다 더 가혹한 형벌이 집행되지 않은 경우라면 다른 형벌을 두려워할 필요가 없어야 한다."[210]

이와 같이 인간을 법치국가를 통한 자유허용의 측면(자유국가)에서 이성주체로 파악하는 것이 아니라, 인간을 안전국가를 통한 자유제한의 측면에서 오성주체로 파악하는 규범적, 사실적 전제에 기초하여 우리는 오늘날에도 형법을 시민의 자유를 위한 마그나 카르타 또는 '범죄인의 마그나 카르타'라고 부른다. 왜냐하면 잠재

을 맺고 있다.

209 Hobbes, *Leviathan*, S. 303. 라틴어 원문에는 이 구절이 다음과 같이 표현되어 있다. "법률이 없는 곳에서는 죄악도 있을 수 없다. 자연법은 본래부터 존재하는 것이기 때문에 모든 침해는 죄악으로 여겨져야 한다. 그러나 국법이 존재하지 않는다면 범죄도 존재할 수 없다. 왜냐하면 국법이 존재하지 않게 되면 오로지 자연법만이 효력을 갖기 때문이다. 즉 각자가 자기 자신에 대한 심판관이 되며 오로지 자신의 양심에 따라 판단해야 한다. 결국 국가권력이 소멸하면 범죄도 소멸한다. 이제 만인은 만인에 대해 권리를 갖고 있기 때문에 더 이상 법도 불법도 존재하지 않는다 (Hobbes *Leviathan, Opera philosophica*, Vol. Ⅲ, ed. Molesworth, Neudruck Scientia Aalen, 1961, S. 211)."

210 Hobbes, *Vom Bürger*, S. 215.

적 범죄인이든 혹은 현실적인 범죄인이든 그는 그 무엇보다도 인간이기 때문이다.[211]

설령 그가 '범죄자'로 소추되고 유죄를 선고받은 자라고 할지라도 **개인의 인간으로서의 존엄을 존중**해야 하기 때문에 **책임 없는 자에 대한 처벌**[212] **또는 확실한 책임입증이 없이 순수한 혐의형벌에 따른 처벌**[213]은 ("의심스러울 때는 피고인의 이익으로! in dubio pro reo!"의 원칙에

---

211 시민의 자유의 마그나 카르타에 관한 이러한 표현은 프란츠 폰 리스트에 의해 '범죄인의 마그나 카르타'로 강화된다(Franz von Liszt, "Über den Einfluß der soziologischen und anthropologischen Forschungen auf die Grundbegriffe des Strafrechts", S. 80). 리스트는 여기에서 이상하게도 홉스에 반대하는 표현을 사용하고 있는데, 이는 분명 안젤름 폰 포이어바흐의 반홉스적 사고에 기인한 것이다. 리스트는 이렇게 말한다. "매우 이상하게 들릴지 모르지만 내 생각으로는 **형법**은 **범죄인의 마르나 카르타**이다. 형법은 법질서를 보호하는 것도 아니고 사회를 보호하는 것도 아니며 오히려 반사회적 행위를 한 개인을 보호하는 것이다. 형법은 개인에게 법률의 전제하에서만 그리고 법률의 한계 내에서만 처벌받을 권리를 보장하고 있다. '법률 없으면 범죄 없다', '법률 없으면 형벌 없다'라는 이 두 명제는 막강한 국가권력, 다수의 무자비한 권력, 즉 '리바이어던'으로부터 시민을 지켜 주는 최후의 보루이다." '기본법 제103조 제2항이 미치는 영향'에 관해서는 Walter Stree, *Deliktsfolgen und Grundgesetz. Zur Verfassungsmäßigkeit der Strafen und sonstigen strafrechtlichen Maßnahmen*, 1960, S. 21 이하, 특히 27 이하 참고.

212 이 점에 관해서도 이미 홉스는 이렇게 말하고 있다. "모든 법관은 각자 자신의 양심과 이성 그리고 자신의 지식에 따라 무엇이 정당하고 공평한 것인가를 그때그때 결정해야 할 의무가 있다. 따라서 다른 사람의 예전의 판단을 따를 필요가 없다. 예컨대 죄 없는 자를 처벌하는 것은 자연법에 반한다. 그리고 법관에 의해 석방된 자는 죄 없는 자이다(*Leviathan*, S. 293)."

213 이에 관해서는 Walter Stree, *In dubio pro reo*, 1962. 슈트레의 이 책에는 "의심스러울 때는 피고인의 이익으로!"라는 원칙은 명백히 '인간에 유리한 출발 추정'과 관련되며, 따라서 인간의 존엄과 관련된다고 서술되어 있다. "인간의 존엄은 불가침이며 개인을 자기의식과 자유를 가지고 스스로를 결정하고 형성하며 주변세계에 작용하는 정신적, 도덕적 존재로 존

178

따라) 금지된다. 또한 **책임 없는 형벌**[214]과 행위자가 부담할 **책임의 정도를 넘어선 형벌**[215]도 ("**책임 없으면 형벌 없다**nulla poena sine culpa"의 원칙에 따라) 모두 금지된다. 이러한 전제에 비추어 볼 때, 행위자의 행태나 행위상황에 대해 실천적으로 **확실한 가치판단**이 이루어질 수 있는 행위자만이 자신의 행위에 대해 형벌을 통한 책임을 부담할 수 있다. 즉 감각적 존재이자 오성주체인 행위자는 원칙적으로

중하는 법치국가에서 자유의 추정, 즉 '의심스러울 때는 자유를 위하여'라는 원칙은 필수불가결한 준칙이다. 이 원칙에 따라 각 개인은 사회적 삶, 즉 다른 공동체 구성원들과의 공동생활과 관련된 명령을 준수하며, 법질서에 합치된 생활을 하고 있다는 전제로부터 출발해야 한다. 따라서 '불확실성으로 인한 결정불가(non liquet)'의 상황에서는 개인에게 유리하게 그리고 국가의 침해권한에 불리하게 결정해야 한다(S. 17)."

214 Stree, ebd., S. 17. 여기에서도 "책임 없으면 형벌 없다"는 원칙은 인간존엄의 헌법적 보장과의 명백한 관련하에 설명되고 있다. "책임귀속이 가능한 행위가 존재하지 않음에도 불구하고 처벌한다면 그것은 윤리적 인격을 멸시하고 그 존엄성을 박탈하는 경우가 된다. 따라서 형법을 지배하고 있는 책임원칙만이 기본법 제1조 제1항에 따른 불가침의 인간의 존엄에 합당한 것이다. '책임 없으면 형벌 없다'(S. 16)."

215 이에 관해서도 Stree, *Deliktsfolgen und Grundgesetz*에서는 일반예방적 고려에서 '책임에 상당한 형벌'을 초과하는 것에 반대하면서 인간존엄의 헌법적 보장을 이에 대한 명백한 근거로 끌어들이고 있다. "형량의 확정을 통해 추구하는 목표가 가장 중요하다. 기본법 제1조 제1항에 모순되지 않고자 한다면 책임에 상당한 형벌범위만이 형벌의 목적으로 여겨질 수 있다. 따라서 법관은 위험성의 척결을 이유로 이러한 척도를 벗어나서는 안 된다 ··· 그러므로 책임의 정도를 넘어선 형벌종류뿐만 아니라, 그 자체는 정당한 형벌종류이지만 그 기간이 행위책임을 초과하는 경우도 행위자에게 부당한 처벌을 가하는 것이 된다 ··· 이처럼 행위자에게 귀속시킬 수 없음에도 그에게서 사회적 가치요청과 존중요청을 감소시키는 것은 기본법 제1조 제1항과 합치할 수 없다(S. 54 이하)." 또한 인간존엄의 헌법적 보장에 따른 법적 결론들에 관한 포괄적인 서술로는 Hubert Schorn, *Der Schutz der Menschenwürde im Strafverfahren*, 1963 참고.

자신의 행위가 자기 자신 및 타인에게 미칠 이익과 손해를 고려해서 타산성과 유용성의 규칙에 따라 **합리적으로 결정**할 수 있었다는 **규범적 전제와 사실적 전제**가 아무런 모순관계에 있지 않으며 또한 이 점이 행위상황이나 행위자의 성격과 관련하여 확실할 경우에만 행위자는 책임을 부담할 수 있다.[216]

더 나아가 자유 법치국가의 전제가 되는 이러한 인간상으로부터 형벌 그 자체는 도덕적 응보의 수단으로 이용되어서는 안 되며 오로지 행위자에 대한 법적인 교육 또는 오성주체인 범죄자에 대한 영향을 통한 개선 또는 위하(威嚇)로 이용될 수 있을 뿐이라는 사실이 도출된다. 따라서 다음과 같은 홉스의 요청은 지극히 정당하다. "형벌은 과거의 악이 아니라 미래의 선에 초점을 맞추어야 한다. 즉 형벌부과는 잘못을 저지른 행위자를 개선시킬 목적이나 범죄자에 대한 형벌을 통해 타인들로 하여금 스스로를 개선하도록 경고할 목적에서만 허용될 수 있다."[217]

---

216 형벌을 받고 이 형벌을 통해 재합법화할 수 있는 행위자와 보안처분을 받고 이를 통해 재사회화되어야 할 행위자 사이의 결정적인 차이는 아마도 다음과 같은 점에 있는 것 같다. 즉 행위자가 오성주체로서 형벌을 통해 영향을 받고 '동기부여'를 받을 수 있게 되어 형벌의 체험을 장래의 동기형성의 요인으로 '만들어 낼 수' 있다면 형벌을, 그렇지 않다면 보안처분을 받아야 할 것이다. 책임에 대한 형벌을 통해 행위자에게 동기부여를 할 수 있는 가능성에 관해서는 Maihofer, "Objektive Schuldelemente", in: *Festschrift für Hellmuth Mayer*, 1966, S. 185 이하, 특히 210 이하 참고.

217 Hobbes, *Vom Bürger*, S. 104. 이에 관해 홉스는 계속해서 다음과 같이 말한다. "형벌이 미래에 초점을 맞추어야 한다는 것은 그러한 미래를 기약할 수만 있다면 각자는 다른 사람을 용서해야 한다는 자연법의 원칙으로부터 도출된다 … 더 나아가 단지 과거만을 중시하는 복수는 아무런 목적 없는 승리나 명예욕에 불과하다는 사실로부터도 이 점이 분명해진다. 왜냐하면 그와 같은 복수는 단지 과거의 사실만을 보려는 것임에 반해,

그러므로 자유 법치국가에서 **형벌**은 순수한 **목적기능**을 갖는다. 이 점은 특히 형벌의 가치합리적 중립성을 위해서도 요청된다. 왜냐하면 형벌이 가치합리적 중립성을 가져야만 이익과 손해에 관한 자기 자신의 관점에 따라 자신이 살해, 강도, 절도, 사기 등을 당하지 않으려고 하는 오로지 목적합리적으로 계산하고 측정하는 행위자에 의해서도 형벌이 인정될 수 있기 때문이다. 따라서 형벌은 범죄자를 **재합법화**(Relegalisierung)하기 위해서만 이용될 수 있을 뿐이다. 즉 범죄자는 형벌을 통해 윤리적 감각을 갖는 존재로 변경되어야 할 대상이 아니라, 오로지 앞으로는 범죄자가 합리적 주체로서 자신의 오성을 사용하고 목적합리적으로 행동할 수 있도록 하기 위해 형벌이 사용되어야 한다.

이 점은 특히 형벌은 위험성과 가능성에 대한 장래의 고려에 영향을 미칠 수 있을 뿐만 아니라, 범죄행위에 대해서는 틀림없이 형벌이 부과될 것이라는 확실성이 타산성과 유용성의 규칙에 따라 결정할 수 있는 행위자의 고려에 결정적인 요소가 된다는 것을 전제한다. 따라서 홉스는 다음과 같이 타당한 지적을 하고 있다. "만일 입법자가 어떤 범죄에 대해 너무 낮은 형벌을 규정함으로써 형벌에 대한 두려움이 욕망을 억압할 힘을 갖지 못하고 오히려 형벌에 대한 두려움보다는 욕망이 앞서게 되어 범죄를 야기한다면 그

목적이란 미래지향적인 어떤 것이기 때문이다. 아무런 목적 없이 발생하는 것은 공허하다. 미래를 생각하지 않는 복수는 공허한 명예욕에 따른 것일 뿐이며, 따라서 이성에 반하는 것이다. 이성적 이유 없이 누군가를 침해하게 되면 이는 결국 전쟁을 유발하며 근본적인 자연법에 반하는 것이다. 그러므로 형벌이 미래를 고려해야 하지 과거를 고려해서는 안 된다는 것은 자연법의 명령이다. 이 명령을 위반하는 행위를 일반적으로 **잔혹성**이라 부른다."

책임은 입법자에게 있다."[218] 또한 이와 관련해 홉스는 이렇게 말한다. "인간들로 하여금 불법한 행위를 하지 못하도록 위협하는 두려움은 형벌이 확정되어 있다는 사실 때문이 아니라, 형벌이 집행된다는 사실 때문에 존재한다. 즉 사람들은 과거의 것에 비추어 장래의 것을 가늠하며 쉽사리 발생하지 않는 것을 발생하리라 기대하는 경우는 매우 드물다."[219]

국가를 통해 정립되고 관철되는 형식적인 규범과 제재(법률) ― 이는 한 **사회** 내에서 작용하는 비형식적인 규범과 제재(도덕)를 유지할 뿐이다 ― 에 관한 모든 법적 제도와 관련해 자유 법치국가에서는 단지 안전의 보장만이 문제의 핵심이 아니다. 즉 법을 수단으로 삼아 국가에 의해 이루어지는 이익보호와 이를 보장하는 행위 안정화는 단순히 평화와 평온, 질서와 안전 그 자체를 창출하기 위한 것이 아니라, **개인과 사회**가 인간다운 삶 가운데 **보존**되고 **유지**될 수 있는 조건을 보장하기 위한 것이다.

따라서 한 개인의 자유의 남용으로부터 타인의 **근본적 이익**이 보호되지 못하고 타인의 **기본적인 기대**가 불안정하게 된다면 더 이상 어느 누구도 신뢰할 수 없는 인간들 사이의 관계는 홉스가 말하는 **실존적 불안정 상태**(즉 상호인격성과 상호연대성이 불안정한 상태)로 전락하게 되며, 이 상태에서 인간은 인간적인 수단만을 통해서는 스스로를 보존할 수도 발전시킬 수도 없게 된다.

그렇기 때문에 **안전국가로서의 법치국가**가 목적으로 삼는 것은 통

---

218 Hobbes, *Vom Bürger*, S. 216.

219 Hobbes, *Vom Bürger*, S. 216. 이 점에서 오늘날 심리강제설에 반대하며 제기되는 논거, 즉 형벌을 부과하는 국가가 정해 놓은 형벌의 정도가 아니라, 범죄에 대해 국가형벌권이 확실히 대응하는 것이 중요하다는 점은 홉스에 의해 이미 밝혀져 있는 셈이다.

상적 의미의 안전의 보장 이상의 것이다. 그것은 바로 윤리적 자기보존의 보장이며, 이를 통해 간접적으로는 개인의 윤리적 자기발전을 보장한다. 즉 안전국가로서의 법치국가는 개인이 자신의 근본적 법익(이에 대한 침해는 실존의 실질적 기초를 위협하고 말살하는 것이 된다)의 존속을 **지속적으로 배려**해야 할 부담으로부터 벗어나게 하며 동시에 근본적 규범(이는 인간 상호간의 쌍방적이고 전면적인 행위를 규율함으로써 모든 개인이 타인, 즉 다른 개인이나 사회 또는 국가나 인류 전체의 이익에 대한 참을 수 없는 침해를 불러일으킬 수 있는 행위방식을 회피하도록 한다)의 존속을 **지속적으로 신뢰**할 수 있게 함으로써 간접적으로는 개인의 윤리적 자기발전을 보장하게 된다.

기대의 불안정성은 바로 **이익이 보호되지 못하는 상태**로 이는 **개인적 실존**뿐만 아니라, **집단적 실존의 실존론적 기초**를 침해한다. 인간이 한 개인으로서의 사적인 기획뿐만 아니라, 공적인 기획을 통해 스스로를 결정하고, 정립하고, 목적화하는 존재라면 한 사회의 객관화된 정신, 즉 법과 윤리를 통해 스스로를 객관화하는 기획의 보장과 관철은 한 사회의 전통의 유지를 위해서뿐만 아니라, 사회의 발전을 위해서도 근본적이고 기본적인 가치를 갖는다.

한 사회가 그 역사의 희망찬 순간에 더 나은 미래 — 예컨대 기본법에 규정된 '양성평등'이나 '사생아의 평등'이 지배하는 사회 — 를 기획한다면 사회는 국가로 하여금 법을 수단으로 삼아 '헌법위임(Verfassungsauftrag)'을 이행하도록 구속한다. 이 헌법위임의 이행을 위해서는 사회적 관계를 변경하고 새롭게 형성하는 것, 즉 **선언된 원칙에 따른 지속적인 진화**가 요청된다.[220]

---

220 인간의 규정에 대한 하나의 기획으로서 해석된 자연법의 이러한 비판적 기능에 관해서는 Maihofer, *Naturrecht als Existenzrecht*, S. 37 이하[한

법질서를 "의심스러울 때는 자유를 위하여!"라는 자유 법치국가의 원칙에 따라 형성하기 위한 일반적 헌법위임과 일정한 원칙들에 따라 법질서를 변경하고 새롭게 형성하기 위한 개별적 헌법위임을 통해 법치국가 — 다른 맥락에서 다루어져야 할 사회국가와는 달리 — 로서의 현대국가는 단순한 보호기능을 넘어 — 비록 제한적이긴 하지만 — 인간의 목적을 위한 형성기능을 갖게 된다. 즉 법치국가는 개인의 보존뿐만 아니라, 개인의 발전을 위한 일정한 조건도 보장하며 또한 사회의 보호와 유지뿐만 아니라, 더욱더 자유롭고 더욱더 평등한 사회로의 발전을 위한 일정한 조건까지도 보장한다.[221]

국어판 49면 이하] 참고. 물론 자세히 살펴보면 전통에 구속되는 법과 진보에 개방된 법의 차이점은 실정법과 초실정법이라는 전통적 구별과는 관계가 없다(왜냐하면 앞에서 언급한 진보적 헌법원칙과 같이 명백히 기존상태의 극복을 목적으로 삼는 실정법이 존재하기 때문이다). 양자의 차이는 오히려 기능의 차이에 있다. 즉 전자는 기존상태를 지향하는 이데올로기적 기능을 갖고 있고, 후자는 미래를 준비하는 유토피아적 기능을 갖고 있다. 따라서 이데올로기적인 자연법이 존재하고, 유토피아적인 자연법도 존재한다. 또한 이데올로기적인 실정법이 존재하고, 유토피아적인 실정법도 존재한다.

221 자유 법치국가의 가장 중요한 헌법위임은 각자의 최대한의 그리고 평등한 자유와 안전이라는 원칙에 따라 법을 형성해야 한다는 것이다. 이와는 달리 사회적 법치국가의 헌법위임은 법적 상태의 형성, 즉 법의 형성을 위한 헌법위임과는 구별되는 사회형성, 즉 복지와 정의의 원칙에 따라 모든 사회관계를 형성해야 한다는 것(각자의 개인적 필요와 개인적 능력의 발전을 최대한으로 그리고 평등하게 충족시키는 것)이다. 따라서 정의의 문제는 법치국가와 사회국가의 관련 속에서는 두 가지 서로 다른 방식으로 제기된다. 즉 법치국가에서는 한 사람의 자유와 안전이 다른 모든 사람의 그것과 갈등상태에 있을 때 적절하고 비례성에 맞는 올바른 '중심점'을 찾는 것이 곧 정의의 문제이다. 이에 반해 사회국가에서의 정의는 한 사람의 개인적 필요와 개인적 능력의 발전을 충족하는 것이 다른 모든 사람들의 그것과 갈등을 일으킬 때 적절하고 비례성에 맞는 올바른 '평균점'

한 사회의 진보가 언제나 전통과 진보의 양극성, 즉 유지와 발전의 양극성으로부터 이루어질 수 있는 것과 마찬가지로 **창조적 자유**의 실현을 활성화하는 자유국가이자 동시에 국가를 **창조적 기획**에 구속시키는 안전국가로서의 법치국가는 **전통의 고수**뿐만 아니라, 사회의 진보를 위한 **개방성**도 보장한다.[222]

따라서 진보는 한 사회 내에서 최대한의 창조적 자유에 대한 개방성과 최대한의 창조적 기획의 유지를 통해 이루어질 수 있다. 이 관점에서 볼 때 자유뿐만 아니라, **안전**도 개인의 **발전** 및 사회의 **발전**을 위한 조건으로서 창조적 중요성을 갖는다.[223] 그러므로 안전

을 찾아야 하는 과제를 갖는다. 따라서 국가는 법질서와 사회질서 내에서 발생하는 이러한 갈등을 법을 수단으로 삼아 정당하게 해결해야 한다. 이는 곧 서로 적대적인 대립이 문제가 될 때는 그러한 갈등을 국가가 '조정' 해야 하며, 이에 반해 적대적이지는 않지만 서로 모순되는 대립이 있을 때는 법을 수단으로 삼아 그러한 갈등을 '해결'해야 한다는 것을 의미한다.

222 이러한 관점에서 볼 때 언제나 새롭고 스스로를 혁신하는 기획이 이루어지는 근거인 자유실현의 활성화는 단지 사회의 진보를 위해서만 생산적 가치를 갖는 것이 아니다. 진보, 즉 기존상태의 극복과 발전은 개별적 실존의 사적인 기획이 보여 주는 것과 같이 사회 내의 인간들과 함께 진보를 목표로 삼는 공적인 기획을 통해 집단적 실존 속에서도 발생할 수 있다. 이러한 방식으로 한 국가의 헌법에서도 법을 수단으로 삼아 '미래'를 기약할 수 있는 것이다.

223 이처럼 기존의 사회적, 법적 상태의 해석에 그치지 않고, 이에 대한 변경까지 지향하는 생산적 기획을 통해 집단적 실존에게는 사르트르가 개별적 실존과 관련하여 기존상태를 초월하는 목표설정의 '선택'이라고 불렀던 것이 수행된다. 이러한 목표설정은 이제 선택한 목표실현의 가능조건의 관점에서 모든 구체적 상황을 해석하는 차원으로 나아가는 것을 의미한다. 우리가 개인적인 약속을 통해 미래의 행동을 사전에 기획하고 이를 통해 주어진 순간에 확고히 구속되는 것과 마찬가지로, 집단적인 구조에서도 장래의 현실에 대한 생산적인 선기획(先企劃)이 이루어질 수 있다. 이러한 선기획의 '이행'은 조직적인 진보에 대해 확고한 범위를 설정하고, 따라서 장래의 사회적 발전에 일정한 방향을 제시한다. '선택행위'를 통해

은 인간의 재생산과 생산이 가능하기 위해 자유만큼이나 필수불가결한 조건이다. 즉 안전은 마르크스가 말하는 "인간 자신의 생산물을 재생산"하기 위한 필수불가결의 조건이자, 칸트가 말하는 대로 창조를 통해 남겨진 인간의 '목적의 공백'을 독자적이고 자발적으로 메우는 가운데 이성의 사용을 목표로 하는 모든 자연적 소질의 발현을 위해서도 필수불가결한 조건이 된다.

이와 같이 인간이 정당한 이익마저도 보호되지 않고, 정당한 기대마저도 불안정한 동물적 상태에서 벗어나 **창조적 자유와 안전**이 보장되는 인간적 상태로 나아가는 문제는 — 칸트에 따르면 — 한 국가 내부의 문제에 그치지 않고 "국가 상호 간의 관계의 합법성의 문제와도 관련"된다고 한다. 더욱이 이 문제는 "후자의 문제(즉 국가 상호 간의 관계의 합법성)가 배제되고서는 결코 해결될 수 없다"고 한다.[224] 즉 "자연이 해결을 강제하는 인류 최대의 문제는 보편적으로 법이 지배하는" **시민사회**와 **세계시민사회**를 달성하는 것이다.[225] 왜냐하면 "만일 국가와 국가 사이의 관계에서 무제한의 자유를 행사할 수 있고, 그리하여 한 국가가 다른 국가에 대해 해악 — 바로 이

생산적 기획으로 자기 스스로를 구속시키는 자유에 관해서는 Sartre, *Das Sein und das Nichts*, S. 552 이하 참고. 자유에 관한 사르트르의 이론은 자유의 생산적 성격을, 목표선택으로서의 기획을 통해 획득되는 장래의 타락과 퇴보에 대한 생산적 안정성과 함께 고려한 최초의 시도에 해당한다.

224 '국제연맹'을 설립하여 합법적인 외적 국가관계의 문제를 해결하려는 시도는 칸트가 「세계시민적 의도에서 바라본 보편사의 이념」의 '일곱 번째 명제(Kant, ebd., S. 41 이하)와 「영구평화론(*Zum ewigen Frieden*, S. 193 이하)」에서 전개한다.

225 Kant, *Idee zu einer allgemeinen Geschichte in weltbürgerlicher Absicht*, S. 39, 41.

러한 해악 때문에 각 개인들은 합법적인 시민상태에 들어설 수밖에 없었음에도 불구하고 ─ 만을 기대할 수밖에 없는 상태라면 개인들 사이에서 합법적인 시민헌법을 달성해 내는 것만으로는 아무런 도움도 되지 않을 것"이기 때문이다.[226]

따라서 칸트의 **자유 법치국가 이론**에서는 최대한의 자유와 안전 그리고 평등한 자유와 안전을 보장하는 질서로서의 법치국가가 대내외적으로 실현되는 것이 문제의 핵심이다. 인간 상호 간의 관계 및 인간 사이의 사회적 관계를 '자연적 자유'의 무법상태로 전락시키고 인간의 인간다움을 파괴하는 비사교성으로부터 벗어나기 위해 그리고 거대한 사회나 국가 사이의 불화로 인해 발생하는 적대관계에서 벗어나기 위해 '합법적인 자유'의 질서가 발견되지 않으면 안 된다. 즉 아무리 작은 국가일지라도 이 국가의 안전과 권리를 자신의 힘과 판단에 의해서가 아니라, 오로지 통합된 힘과 통합된 의지의 법칙에 따른 결정을 통해 기대할 수 있는 '국제연맹'에서 인류의 세계시민적 통합을 통해 그러한 합법적 자유의 질서가 발견되어야 한다.[227]

---

226 Kant, ebd., S. 41 이하.

227 Kant, ebd., S. 42. 칸트의 견해에 따르면 인간의 본성에 내재하는 비사교성과 비친화성은 "전쟁을 통해, 과도하고 지속적인 군비확장을 통해, 평화 시인데도 각 국가가 항상 염려하는 비상사태를 통해 애당초부터 불완전한 시도를 하게 만든다. 결국 많은 재난과 격변을 겪고 난 다음에 그리고 그들의 모든 힘이 완전히 소진되고 난 다음에야 비로소 그러한 처참한 경험 없이도 이성이 알려 줄 수 있었던 곳에 도달한다. 즉 무법적인 자연상태에서 벗어나 공적인 국가안전을 위한 세계시민적 상태에 들어서게" 된다. 칸트는 이미 그 당시에 이러한 상태가 오로지 국제연맹에 의해서만 가능하다고 여겼으며, 오늘날 우리는 국제적 기구 또는 초국가적 기구를 통해 지역적 및 전 세계적인 국가결합으로 그러한 상태에 도달하려는 노력을 시작하고 있다.

이러한 **세계시민적 통합**의 상태도 칸트의 이론에서는 결코 '완전한 조화'와 '상호적 우호'의 상태일 수는 없으며, 오히려 "국가의 공적인 안전의 세계시민적 상태"이어야 한다. 이 상태는 "인간성의 힘이 잠들지 않도록 모든 위험이 배제되어 있는 것은 아니지만, 그러나 인간 상호간의 파괴가 없도록 그들 상호간의 **작용과 반작용의 평등성**의 원칙이 없이는 존재할 수 없는 상태"이다.[228]

칸트의 철학에서는 자유와 안전, 법과 국가가 목적 또는 가치 그 자체가 아니듯이, **평화**도 결코 '평화 그 자체를 위한' 것이 아니다. 사회 상호 간 또는 국가 상호 간의 평화상태 ― 칸트는 이러한 상태가 오로지 세계시민적 통합을 통해서만 달성될 수 있다고 한다 ― 역시 칸트에게는 인간의 목적을 위한 수단에 불과하다. 즉 인간의 모든 **자연적 소질과 정신력**이 최대한으로 '완전하고 합목적적'으로 발전하기 위한 필수적인 조건일 뿐이다.

따라서 "공동체의 모든 힘을 무장을 위해 사용하거나 전쟁을 통해 파괴를 유발하거나 또는 지속적으로 전쟁을 준비해야 할 필요가 있다면 … 자연적 소질의 완전한 발현을 위한 지속적인 진보는 방해를 받게 된다."[229] "우리 ― 칸트가 말하는 이 '우리' 가운데는 당연히 우리 현대인들도 포함된다 ― 는 학문과 예술을 통해 고도로 **문화화**되어 있다. 우리는 모든 사교적 예법에서도 귀찮을 정도로 **문명화**되어 있다. 그러나 우리가 **도덕화**되어 있다고 생각하기에는 아직도 너무나 먼 거리에 있다."[230]

인간의 문화적, 문명적 진보뿐만 아니라, 도덕적 진보를 가로막

---

228 Kant, ebd., S. 44.
229 Kant, ebd., S. 44.
230 Kant, ebd., S. 44.

는 것은 무엇인가? 이에 대해 칸트는 명확한 답을 제시하고 있다. "만일 국가가 그 모든 힘을 공허하기 그지없는 폭력적인 확장욕을 위해 사용하고 사유방식의 내적 함양을 위한 시민들의 지속적인 노력을 끊임없이 방해하며 심지어 국가의 의도에 대해 시민들이 어떠한 지원도 하지 않는다면 그런 종류의 국가에 대해서는 아무 것도 기대할 수 없다. 왜냐하면 국가에 대해서는 시민들의 정신적 함양을 위해 모든 공동체에 대한 지속적인 내적 작용이 요청되기 때문이다. 도덕적으로 선한 심정에 관련되지 않은 모든 선은 그럴 듯한 가상이자 희미한 곤궁일 뿐이다. 인간종족은 내가 이미 말했 던 방식대로 세계시민적 통합, 즉 **개인과 국가의 최대한의 자유와 안 전 그리고 평등한 자유와 안전을 보장하는 범세계적인 법치국가 질서**를 통해 모든 사람이 지금까지의 혼란한 국가상태에서 빠져나오기 전 까지는 아마도 이러한 상태에 머물러 있게 될 것이다."[231]

칸트는 국가의 공적인 안전상태의 확립, 즉 오늘날까지도 자연 상태에 머물러 있는 거대한 사회들 및 국가들 사이에 문화상태를 확립할 것을 열렬히 호소하면서 다음과 같이 말한다. "이 최후의 발걸음(즉 국가연합)을 내딛기 전에는 인간의 본성은 외적인 복지라 는 기만적인 외관 아래 극도의 악을 감수할 수밖에 없다. 따라서 인류가 도달해야 할 최후의 단계를 방기한다면 차라리 자연상태가 낫다는 **루소**(Rousseau)의 말은 틀린 말이 아니다."[232] 우리는 수많은 헛된 과정을 거친 이후 오늘날에도 이 최후의 결정적인 단계에 다 가가고 있긴 하지만 여전히 이 단계에 도달하지 못하고 있다. 즉 법적 및 윤리적 문화상태라고 불러 마땅할 개인적, 사회적 상태로

---

231 Kant, ebd., S. 45.
232 Kant, ebd., S. 44.

인간이 진보한 단계는 아직 달성되지 않았다.

개인과 국가의 **최대한의 그리고 평등한 자유와 안전**을 보장하는 질서인 이 최후의 단계에서 비로소 우리가 대내외적 **자유 법치국가**라고 부를 수 있는 것이 달성될 수 있다. 오늘날 '**시민사회**'와 '**세계시민사회**'라는 창조적 **법 유토피아**를 통해 철학적 이론과 정치적 실천을 규정하기 시작하고 있는 자유 법치국가의 원칙에 따라 포괄적 질서가 수립될 때 비로소 국가의 내적 관계와 국가 상호간의 관계에서 법을 수단으로 삼아 국가 — 그것이 개별 국가이든 '인류국가'로의 포괄적 통합이든 — 를 통해 **인간의 발전 및 인간존엄의 보존**을 위한 네 가지 조건이 보장되고 유지될 수 있을 것이다. 즉 **개인의 윤리적 발전과 보존을 위한 조건 및 '사회적 인류' 전체의 윤리적 발전과 보존을 위한 조건**이 보장되고 유지될 수 있게 된다.

그렇다면 이러한 사회질서와 국가조직이 제일의 전제로 삼고 있는 원칙, 즉 기본전제와 목표설정은 무엇일까? 또한 궁극적으로 어떠한 결과를 지향하고 있는 것일까?

결 론

변증법적 유물론과 변증법적 관념론의
원칙으로서의 자유 법치국가

자유 법치국가의 원칙에 따라 모든 것을 포괄하는 질서에 관해 지금까지 서술한 정치적 구상은 오늘날에도 여전히 추상적 유토피아라는 비방의 대상이 되거나 조롱거리가 되고 있다. 그러나 이러한 구상은 세계의 절반을 차지하는 서양의 정치적 원칙으로서 루소의 사상이 프랑스혁명을 통해 구현되도록 했던 결정적인 정치적 동기였다. 이러한 구상은 **시민사회**와 **세계시민사회**를 목표로 한다. 이는 소극적으로는 한 개인에 의한 인간의 예속과 사회나 국가에 의한 인간의 예속을 최대한으로 배제하며, 적극적으로는 개인과 개별적인 사회, 인류 전체 등 모든 사람의 **개인적, 국가적 자유와 안전을 최대한으로 그리고 평등하게 보장하는** 질서의 수립을 목표로 한다.

그렇다면 자유로운 시민사회와 세계시민사회라는 지도이념이 객관적이고 현실적으로 가능하다는 것, 즉 그것은 구체적이고 **생산적인 정치적 유토피아**이지 결코 추상적이고 비생산적 유토피아이거나 인류의 절반을 차지하는 우리 서양인들의 단순한 사유적 구성물이나 순수한 몽상이 아니라는 점에 대한 신뢰를 우리는 어디로부터 창출해야 하는 것일까?[233] 그러한 자유로운 (세계)시민사회를 통해 구체적이고 인간적인 가능성, 즉 인간들로 하여금 **모든 개인의 발전과 인류 전체의 발전**을 위해 더 훌륭하고, 더 포괄적이며, 더 전면적인 가능성에 도달하도록 만드는 상태를 목표로 한다는 우리의 희망은 어디에 기초하고 있는 것일까?

동구의 이데올로기는 변증법적 유물론이라는 정치적 구상에 기초하고 있다. 나는 서구의 신뢰, 즉 대립되는 사회체계의 평화로운 공존을 위해 요청되고 더 나은 세계를 위한 경쟁을 궁극적인 것으로 인정하려는 서구의 신뢰가 우리의 사회질서와 국가구조를 변증법적 유물론과 변증법적 관념론 양자로부터 이끌어 내려는 정치적 구상에 기초하고 있다고 생각한다.

변증법적 유물론은 모든 사회발전의 동적 원칙을 곧 한 사회의 경제적 토대의 측면에서 각 개인의 물질적 생활이익을 둘러싼 투쟁과 대립으로 파악하며, 이는 특히 이른바 계급투쟁에서 현실적으로 나타난다고 한다. 우리가 이른바 경쟁경제하에서 수요와 공급을 통해 표현되는 소비자와 생산자의 개인적 이익의 변증법적 유물론에 따른 경제적 발전을 신뢰한다면 이러한 물질적 이익과 기대의 변증법을 우리는 모든 경제적, 문명적, 기술적 발전의 동적

---

233 생산적인 정치적 유토피아에 대한 철학적 구상에 관해 그리고 최대한의 자유와 안전, 즉 인간의 존엄을 지향하는 법 유토피아와 동시에 최대한의 복지와 정의를 지향하는 사회 유토피아의 긴장성을 극복하려는 구상에 관한 기본적인 설명으로는 Ernst Bloch, *Naturrecht und menschliche Würde*, S. 175 이하와 ders., *Tübinger Einleitung in die Philosophie* I, S. 121 이하, II, S. 67 이하 참고.

원칙으로 승인하게 된다. 즉 소비자와 생산자의 물질적 이해관계는 경제적 토대의 측면에서 우리 사회의 모든 발전을 위한 지렛대이다.

자유 법치국가의 사회질서와 국가구조는 사회의 경제적 토대의 측면에서 개인의 물질적 이해관계의 경쟁에 의해 이루어지는 변증법적 유물론 — 이는 개인들의 물질적 욕망의 충돌에 연유한다 — 이 최대한으로 발전되고 유지되도록 보장한다. 이뿐만 아니라 자유 법치국가의 사회질서와 국가구조는 자유롭고 개방된 사회의 정신적 상부구조의 측면에서 자유의 실현을 활성화한다.

따라서 나의 생각으로는 우리가 **자유로운 경쟁경제 체제**를 통해 변증법적 유물론과 완전히 합치하는 경제체제를 우리 사회의 **경제적 토대**로 성공적으로 실현시키고 있는 것은 세계사의 희한한 역설인 것 같다. 그와 같은 사회의 경제적 토대의 측면에서의 **자유의 실현**은 합법적 자유를 보장하는 법치국가 질서가 보장될 때만 이러한 자유 및 자유의 실현을 폐기하고 파괴하는 자연적 자유로 변질되지 않는다. 우리는 그러한 법치국가 질서를 사회적 시장경제라는 우리의 경제적 구상을 통해 창출하려고 한다. 이 사회적 시장경제에서는 예컨대 불공정경쟁이나 불공정한 카르텔협정을 금지하는 법률을 통해 경제적 자유의 한계를 엄밀히 규정하고 보장함으로써 최대한의 그리고 평등한 경제적 자유가 보장된다. 합법적 자유를 보장하는 자유 법치국가 질서는 경제적 토대의 측면에서 합법적 자유의 상태를 통해 더 나은 것에 의한 재화의 지속적 성장이 이루어지게 함으로써 경제적, 문명적, 기술적 발전이 최대한의 범위에서 추진되도록 한다는 점에 기초하고 있다. 또한 사회의 정신적 상부구조의 측면에서는 만인의 자유가 최대한으로 그리고 평등하게 보장되는 상태 — 흔히 우리가 **다원적 사회**라고 부르는 상태 — 에서 자유의 한계가 정확하게 규정되고 보장되는 가운데 사회의 문화적, 예술적 발전이 **변증법적 관념론**, 즉 정치적, 종교적 이념과 이상 및 학문적 인식과 발견의 대립과 경쟁을 통해 실현될 수 있다는 신념에 기초하고 있다.

변증법적 관념론에서도 **자유의 실현**은 자유 그 자체를 위해 가치를 갖는 것이 아니다. 따라서 종교의 자유, 양심의 자유, 표현의 자유, 단결의 자유, 소수자보호, 관용의 원칙 등도 이러한 기본적 자유와 기본원칙으로부터 형성된 사회질서만이 자유의 정신 — 그것이 무엇을 의도하든지 — 을 표출시킬 수 있고 태동시킬 수 있다는 이유 때문에 그 자체 가치를 갖는 것은 아니다. 오히려 그러한 자유나 원칙을 통해 개방되는 자유로운 정신적 경쟁과 대립을 통해 이미 사고되었던 것, 이미 믿게 된 것 또는 이미 인식되었거나 발견된 것에 대한 고착화, 교조화, 규범화, 금기화가 철저히 배제되며, 더 나은 통찰이나 인식에 의해 극복된다는 점 때문에 그 자체 가치 있는 것이다. 따라서 다원적 사회는 정신적 상부구조의 측면에서 개인의 비물질적 관심, 즉 의문과 대답, 탐구와 계획, 인식과 형성 등과 관련된 개인의 관념적, 도덕적, 학문적, 예술적 관심으로부터 연유하는 변증법이 최대한으로 작용되게 만든다.

그렇기 때문에 다원주의 사회, 간단히 말해서 개방사회는 우리에게는 자유 법치국가질서로 조직된 모든 민주주의적 체계의 핵심이다. 다원주의 사회는 "모든 것에 대해 회의하라!"라는 데카르트 이후의 근대 과학성의 근본원칙을 제도화한 것이다. 이러한 근본원칙은 마르크스-레닌주의에서도 비록 실현되지는 않았지만 적어도 이론에서는 하나의 신념으로 제시되어 있다. 따라서 다원주의 사회는 규범화되고 교조적으로 고착화한 이데올로기의 범위 내에서 철학적, 신학적, 학문적, 예술적 비판과 반비판의 가능성을 열어 놓고 있으며, 동시에 자유로운 사회에서도 여전히 존재하는 유일한 이데올로기적 한계, 즉 다원주의 사회의 구조적 원칙 그 자체의 불가침성이라는 기본법에 규정된 한계 내에서 그러한 가능성을 열어 놓고 있다. 왜냐하면 다원주의 사회의 붕괴는 곧 자유의 실현 자체를 붕괴시킬 것이기 때문이다.

다원주의 사회는 그 이데올로기적 전제의 최대한의 한계 내에서 이 사회의 기반이 되는 사실적 인식에 대한 지속적인 수정과 이 사회의 삶의 기초가 되는 이데올로기적 의식에 대한 지속적인 개선의 가능성을 열어 놓고 있다. 따라서 다원주의 사회는 사회의 상부구조와 관련해서는 그 자체 제도화된 이데올로기 비판이다. 이러한 이데올로기 비판은 사회적 존재의 측면에서 자유의 실현이 그렇듯이 사회적 의식의 측면에서 전통적인 진리에 고착된 정신적 상부구조의 정지상태를 배제하고 또한 물질적 생산의 전통적인 방법과 원칙에 고착된 경제적 토대의 정지상태도 배제한다.

현대의 대중사회, 즉 현대 산업사회의 문명과 문화의 진보가 경제적 토대에서의 변증법적 유물론의 전개에 의존할 뿐만 아니라, 사회의 상부구조에서의 변증법적 관념론의 전개에도 의존한다는 점, 즉 한 사회 내의 역동성인 경제적 변증법의 힘과 정신적 변증법의 힘에 의존한다는 점을 인식한다면 우리는 자유 법치국가의 사회질서와 국가구조의 '영역' 내에서 전개되는 자유의 변증법에 비추어 오늘날의 우리의 경험과 인식에 의하면 충분히 신뢰를 가질 만한 근거를 발견하게 된다.

자유 법치국가의 국가구조에 기초한 우리의 사회질서에서는 변증법적 유물론의 운동법칙이 지금까지 알려지지 않았고 결코 가능하게 여겨지지 않았던 정도로 우리 사회의 경제적 토대에 작용하고 있으며 동시에 변증법적 관념론의 운동법칙이 지금까지 감행된 적도 없고 결코 가능하게 여겨지지 않았던 정도로 실현되어 있다. 그렇기 때문에 마오쩌둥이 원용했던 '百花齊芳', '百家爭鳴'이 가능한 곳이 결코 순간의 꿈이 아니라 일상의 현실이라면 우리가 자유 법치국가 또는 개방사회라고 부르는 시민적 통합의 영역, 즉 개인과 사회가 자연적 자유의 파괴적 작용으로부터 보호되고 동시에 **합법적 자유와 안전의 질서가 갖는 창조적 작용**이 보장되는 영역에서 우리는 **시민적, 세계시민적 사회**라는 이상에 지속적으로 접근해 가는 가운데 자유 법치국가의 사회질서와 국가구조를 추구하게 될 것이다.

베르너 마이호퍼(Werner Maihofer)

1918년 10월 20일 독일 위버링엔(Überlingen)에서 태어나 2차 대전에 참전한 이후 종전과 함께 1945년부터 프라이부르크 대학교 법과대학에서 법학을 공부하고, 스승 에릭 볼프(Erik Wolf)의 지도하에 1950년에 「범죄체계에서 행위개념 (Der Handlungsbegriff im Verbrechenssystem)」으로 박사학위를, 1953년에는 「법과 존재(Recht und Sein)」로 교수자격을 취득했다. 이미 학부시절에 쓴 리포트가 너무나도 독창적인 나머지 담당교수가 대필이 아니냐고 의심할 정도로 탁월한 능력을 보여 주었고, 하이데거의 법철학을 비판적으로 수용한 교수자격논문을 쓰기 전에 프라이부르크 부근 시골마을에 칩거하던 하이데거를 찾아가 그의 이론에 문제가 있다는 비판을 제기하고 하이데거로부터 동의를 이끌어 낼 만큼 청년시절부터 일반 철학과 법학에 대해 심오한 사유를 펼치기 시작했다. 어린 시절 피겨스케이팅 선수이기도 했던 그는 1936년 동계올림픽에 독일 국가대표로 참가했으며, 바이올린과 비올라는 프로급 연주자이기도 한 것으로 알려져 있다. 교수자격을 취득한 이후 1955년부터 1969년까지 자브뤼켄 대학교 법과대학의 법철학, 사회철학, 형법, 형사소송법 담당교수로 재직하면서 전 세계적으로 가장 중요한 법철학 연구소였던 「법과 사회철학 연구소(Institut für Rechts- und Sozialphilosophie)」를 설립했으며, 1967년부터 1969년까지 같은 대학교 총장을 역임했다. 특히 이 시기에 독일형법의 정부개정안이 과거의 보수적, 도덕적 성격을 계속 유지하려는 의도를 보이자 페터 놀(Peter Noll)과 함께 형법학자들의 대체개정안(Alternativentwurf)을 기획하는 작업을 주도함으로써 독일형법의 자유화에 결정적인 공헌을 했다. 1970년부터 독일 북부에 신설된 빌레펠트 대학교로 자리를 옮겨 형법, 형사소송법, 법사회학, 법 및 사회철학 담당교수가 되어 헬무트 쉘스키(Helmut Schelsky)와 함께 오늘날 국제적 명성을 얻고 있는 「학제 연구센터(Zentrum für interdisziplinäre Forschung)」을 설립했으며, 1969년에 입당한 자유민주당(FDP)의 핵심이론가로서 이른바 '프라이부르크 테제'를 기획해서 자유주의와 사회주의를 결합한 진보적 자유주의 정강을 완성하는 데 주도적인 역할을 했다. 1972년부터 독일 연방의회의 의원이 됐고, 1972년에는 연방특임장관, 1974년부터는 연방 내무부장관을 역임했다. 내무부장관 시절 독일 적군파(RAF)의 테러에 대처해야 하는 정치적으로 험난한 상황에서 발생한 연방정보국의 불법도청사건에 대해 정치적 책임을 지고 1978년 7월에 장관직에서 물러나면서 정치생활을 접는다. 그 후 1982년부터 1984년까지 이탈리아 피렌체 소재의 유럽통합대학의 총장을 역임하고, 콘스탄츠 대학교 법과대학 명예교수이기도 했다. 마이호퍼는 오랜 기간에 걸쳐 세계법철학회의 기관지「법 및 사회철학 잡지(ARSP)」의 편집인이기도 했다. 2009년 10월 6일 91세의 나이로 세상을 떠났다.

주요저작으로는 「Recht und Sein(1954: 법과 존재, 심재우 역, 1996)」, 「Vom Sinn menschlicher Ordnung(1956: 인간질서의 의미에 관하여, 윤재왕 옮김, 2003)」, 「Naturrecht als Existenzrecht(1963: 실존법으로서의 자연법, 윤재왕 옮김, 2011)」, 「Demokratie im Sozialismus(1968: 사회주의 속의 민주주의)」가 있고, 기타 법철학, 사회철학, 법사회학, 입법학, 헌법, 형법에 관련된 수많은 논문을 저술하고 다수의 책을 편집했다.

— 옮긴이 —
심재우
고려대학교 법과대학과 대학원 법학과를 졸업하고 독일 빌레펠트 대학교 법과대학에서 「저항권과 인간의 존엄」으로 박사학위를 받았다. 오랜 기간 고려대학교 법과대학에서 법철학과 형사법을 강의하면서 수많은 학생들에게 법과대학이 단순히 조문을 다루는 기술자들을 생산하는 공장이 아니라는 사실을 깨닫게 해주었다. 답안지에 어떻게든 '인간의 존엄'이라는 단어가 들어가면 높은 학점을 받을 수 있다고 소문이 돌 만큼 '인권'과 '인간의 존엄'이 곧 법의 정신임을 역설하는 정열적인 강의로 유명했다. 법철학과 형사법에 관련된 수많은 논문들을 발표했고, 독일 스승 베르너 마이호퍼의 「법과 존재」, 저항권의 역사적 전개과정을 다룬 「폭정론과 저항권(헬라 만트)」 그리고 루돌프 폰 예링의 고전 「권리를 위한 투쟁」을 번역했다.

— 옮긴이 —
윤재왕
고려대학교 법학전문대학원 교수.

법치국가와 인간의 존엄

-

인쇄 2019년 6월   5일
발행 2019년 6월 15일

-

지은이 베르너 마이호퍼
옮긴이 심재우 · 윤재왕
펴낸이 이방원

-

펴낸곳 세창출판사
　　　신고번호 제300-1990-63호
　　　주소 03735 서울시 서대문구 경기대로 88 냉천빌딩 4층
　　　전화 02-723-8660 팩스 02-720-4579
　　　이메일 edit@sechangpub.co.kr 홈페이지 www.sechangpub.co.kr

-

이 책은 저작권자인 지은이 유족의 동의를 얻어 발행합니다.

ISBN 978-89-8411-828-7 93360

이 도서의 국립중앙도서관 출판시도서목록(CIP)은 서지정보유통지원시스템 홈페이지(https://seoji.nl.
go.kr)와 국가자료공동목록시스템(https://www.nl.go.kr)에서 이용하실 수 있습니다.
(CIP제어번호: CIP2019022002)